改变人生的说话术

说话术

[日] 岸正龙 著

肖辉 李宜航 译

一瞬で印象を操る ズルい話し方

四川文艺出版社

图书在版编目（CIP）数据

改变人生的说话术 /（日）岸正龙著；肖辉，李宜
航译 .-- 成都：四川文艺出版社，2021.8

ISBN 978-7-5411-6073-8

Ⅰ.①改… Ⅱ.①岸…②肖…③李… Ⅲ.①心理交
往－语言艺术－通俗读物 Ⅳ.① C912.1-49

中国版本图书馆 CIP 数据核字 (2021) 第 141771 号

著作权合同登记号 图进字：21-2021-262

ISSHUN DE INSHO WO AYATSURU ZURUI HANASHIKATA
Copyright © 2020 by Seiryu KISHI
All rights reserved.
Illustrations by Ayumi TAKAMURA
First original Japanese edition published by Kizuna Publishing.
Simplified Chinese translation rights arranged with PHP Institute,Inc.
through Bardon Chinese Creative Agency Limited

GAIBIAN RENSHENG DE SHUOHUASHU

改变人生的说话术

［日］岸正龙　著

肖辉　李宜航　译

出 品 人	张庆宁
选题策划	北京斯坦威图书有限责任公司
编辑统筹	李佳铌　张文祎
责任编辑	梁康伟
封面设计	WONDERLAND Book design 仙境 QQ:344581934
责任校对	汪　平

出版发行	四川文艺出版社（成都市槐树街 2 号）
网　　址	www.scwys.com
电　　话	028-86259287（发行部）028-86259303（编辑部）
传　　真	028-86259306

邮寄地址	成都市槐树街 2 号四川文艺出版社邮购部　610031		
印　　刷	天津画中画印刷有限公司		
成品尺寸	147mm×210mm	开　　本	32 开
印　　张	6	字　　数	82 千字
版　　次	2021 年 8 月第一版	印　　次	2021 年 8 月第一次印刷
书　　号	ISBN 978-7-5411-6073-8		
定　　价	42.00 元		

前言：在社会中不懂变通就会吃亏

老老实实地生活。这通常被看作是一个很重要的生活方式，但因过分老实、不懂变通而吃亏的例子也有不少。这种吃亏到底指的是什么呢？

我举个例子，大家请看下面这幅插图，图中这两个人都是棒球选手，其中一个人是投手，另一个人是捕手[1]。那么，到底谁才是投手呢？

"是左边的那个人吗？"

---

1. 在棒球比赛中，负责投球的球员为投手，负责接球的球员为捕手。

是啊，相信只要不是那种性格极其怪癖的人，自然都会认为左边这位偏瘦的男性是投手。在日常生活中，我们总会以一种自然而然的直觉来做出判断。也可以说，**在不知不觉中，我们就被这些更容易理解的印象牵着走。**

再回到这幅插画的例子，我们可能会在漫画或者电视剧的影响下，不自觉地认为棒球运动中偏胖的人应该是捕手。这样的思维模式已经深深印在我们的脑海中，所以自然而然会被其所诱导。

那么问题来了，如果右侧那个偏胖的人这样说呢？**"我从事棒球运动，是一个投手。"**

大家可能会下意识地认为："他是骗人的吧？"

是吧，大家不可能马上就相信吧，甚至想象他作为投手打棒球的样子时，也可能会觉得不自然。这是因为，**相比于"他是投手"这个事实，"投手都很瘦"这样的印象已经在我们的脑海里根深蒂固了。**

这种印象很难对付，它总是让你在不知不觉间就吃亏了，事实上还有很多人都因为这些印象而遭受损失。

比如，有些很优秀的人虽然实际工作能力很强，反应很快，但是由于自身看起来不那么像一位有识者，别人也就不认为他是个很有才能的人。

再比如说，有一些人善解人意，做什么事都会站在对方的立场为对方考虑，却因为态度不亲切而被认为是一个冷漠的人。

在你的身边，也有这样的人吧?

不能否认，这样的情况也确实存在，但之后，当人们了解事情的来龙去脉时就会恍然大悟："原来是这样。"进而对这些人的印象也会有所改观。这种思维其实是一种心理机制，在心理学中被称为"增益损失效应"。

提起在动画片《哆啦A梦》中经常欺负别人的小孩胖虎，大家就明白了吧。在电视版动画片中，胖虎总是欺负主人公大雄，是个令人讨厌的家伙，但在电影版中，他反而会帮助大雄。由于这样的反差，人们对胖虎这个人物的好感度上升，也就是说因为产生了"反差萌"，导致人们对他的印象也变好了。

然而，这也只限于"有机会感受这种反差"的情况。令人遗憾的是，**在实际生活当中，我们基本上没有机会改善给别人留下的第一印象。**

不管饭店做出的饭菜有多么好吃，如果环境不干净的话应该没有人想要进店吃饭吧。但如果不进到店里的话，也就不会有机会让人知道"这家饭店环境虽然不太干净，但饭菜很可口"。

面试、商业谈话、演讲、自我介绍、联谊等也一样，基本都没有机会去改善最开始给人留下的负面印象。那如果有机会的话呢？

当然，**一开始就给人留下好印象才是最好的选择。**如果给别人的第一印象是"这个人很有能力""这个人很诚实""这个人很可靠"的话，之后的沟通交流也会变得更加愉快吧。也有很多人**通过塑造良好的第一印象而取得成功。**

我写这本书的目的，就是为了讲述我至今为止教授给人们的、通过实践验证的"通过掌控印象而受益"的方法。

在后面的章节我也会介绍利用与最初印象的反差而受益的方法，敬请期待。

心理战术也会变为一种武器

自我介绍有些晚了，我是岸正龙，现在经营一家在日本名古屋起家的名为 Monkey Flip（蒙奇•弗利普）的眼镜品牌店。同时我也通过书籍、广播、演讲和研讨会，为大家讲述无意识介入型的交流技巧。

我从孩童时代受欺凌的经验中，总结学习了心理学、九型人格、艾瑞克森催眠、冷读术[1]等，现在获得了日本商务心理学会的高级硕士学位，同时也担任一般社团法人日本思想解读协会的理事人之一。

我也曾经作为职员在公司工作过，从零业绩开始，到现在自己开店铺，接受媒体采访。然后，为了能继续开展

1.冷读术，在第一次见面时，通过观察对方来了解对方。

研讨会和演讲活动，我塑造了自己的形象，到现在为止已经和 5 万多人进行过沟通。

经历过这些，我认为，**老实虽然说是一种美德，但是过于老实而不懂变通的话是很吃亏的**。为了生活顺利，做个诚实的人是很有必要的。从长期来看的话，"遵守约定""不撒谎"等做法也确实能赢得对方的信赖。

虽说如此，**但是一味坦诚的话也不是最好的策略**。

比如说，自己在事业上没有取得能够被社会认可的成绩（例如头衔、获奖经历等），如果直白地说"我没有取得什么业绩成果"的话，恐怕会很难找到工作。如果真的想在事业上有所发展的话，就需要我们适当地变通一下，比如"让自己看起来像是取得了什么成果"，或者"让其他人觉得把工作交给你的话应该没问题"。

就算是对工作真的没有信心，也要鼓励自己树立起信心。即使钱没有富余，也要装作没有为钱发愁的样子。当发生意外让你不知所措的时候，也要保持冷静的态度……

相比事实，我们更易于被心中已经定格的印象所诱导。

所以，我们如果想要获取优势、得到好处的话，也就必须要掌握**包括营造反差印象在内的形象塑造。**

这本书总结了在众多心理技巧当中，任何人都可以马上应用于实践的一些方法，下面我将分为三个步骤为大家介绍。

① **操控偏见：通过塑造形象使对方敞开心扉**

② **印象深入：引起对方的兴趣，促使对方做出行动**

③ **假装技巧：赢得对方的信赖，甚至可以掌控对方**

如果这三点都能做到当然是最好的，但老实说，只要能做到操控偏见的话，我们就已经可以从中受益了。通过阅读此书，我希望大家可以不再因为自己过于老实而遭受损失，并可以在掌控印象的帮助下获得更为丰富的人生。

目 录

CONTENTS

第一步

操控偏见：通过塑造形象使对方敞开心扉

刻意用词，可以引导对方思考 /003

　　理论　关于大脑的系统1和系统2/005

思考问题，人们会忽略逻辑 /010

　　理论　关于人性与偏见 /013

偏见带来的强大影响 /017

心理机制：人们对反差感兴趣 /026

绝对规则：在对方提问后，再说明反差 /032

　　理论　关于心理抗拒 /036

使用引导装置，使对方提问 /038

注意不能制造反差的情况 /048

第二步

印象深入：引起对方的兴趣，促使对方做出行动

解释说明后，对方也会基本忘记 /055

将信息烙印在对方的记忆里 /062

　　理论 关于无意识 /068

语言说明会失败，印象深入会促进行动 /080

实战演练：自然地邀请喜欢的对象约会 /086

印象深入的具体操作 /091

　　事实：证实自己的话语可靠 /091

　　明喻：范本为"吐槽比喻" /097

　　类比：用同样结构的词进行简单替换 /100

　　短隐喻：让朋友约翰代替你进行解释说明 /109

　　长隐喻：以故事的形式传达给对方 /119

　　理论 关于米尔顿·艾瑞克森的故事 /122

增强印象深入的效果：五感临场 /126

第三步

假装技巧：赢得对方的信赖，甚至可以掌控对方

有人可以自然地使用心理话术 /141

　　理论　关于常态维持机能 /149

假装技巧的落脚点：人们渴望"被掌控" /151

掌控他人的关键点：营造出来的自信 /155

本书总结：一套简单且有效的最强印象策略 /165

后记 /171

一瞬で印象を操る

操控偏见：

通过塑造形象使对方敞开心扉

刻意用词，可以引导对方思考

试着读一读下面这篇文章。

父子二人遭遇车祸，父亲当场死亡。儿子也身负重伤，被紧急送往医院。外科医生在手术室等来了患者，却发现是自己的儿子，随即脸色大变，说道："我不能给他做手术。他可是我的儿子！"

你怎么看？

"咦？他的父亲不是在交通事故中当场死亡了吗？但外科医生也是他父亲，这是怎么回事？"

如果你的脑中产生了这样的疑问，那你正是陷入了印象陷阱当中。

而这篇故事的事实很简单，这位外科医生是女性，也就是儿子的母亲。你并没有得出这个答案，这是因为你的大脑自动反应，认为**"一提到外科医生就是男性"**。这样可以称之为偏见的一种印象倾向在专业用语中被称为"主观偏见"。

事实上，为了引导你产生"外科医生等于男性"这一偏见，我在刚才的文章当中运用了一些机智的手段。

请再读一遍文章，回顾一下其中提到的与性别有关的词：

"父亲""他的儿子""父亲""儿子""儿子""他""他""儿子"

想必你已经明白了吧，**其中完全没有出现能让人联想到女性的词**。所以，"外科医生等于男性"这样的偏见就更加容易产生了。

我们脑中的印象就这样简单地被操控了。

反过来说，**我们只要知道了操控的方法，就有可能引导对方在脑中生成我们所期望的印象**。就像刚才的文章当中完全没有加入使人联想到女性的词，这也是其中的一种策略。

理论 关于大脑的系统 1 和系统 2

在操控对方的印象时，最重要的是"**偏见**"。也可以说，"**这种机智的交谈方式重点在于操控好这些偏见**"。具体而言，是利用"自己完全没有意识到却已经陷入偏见的陷阱"这种大脑的特性来进行操控。

在刚才儿子和外科医生的文章中，很多人都没有意识到自己被"外科医生等于男性"这种偏见所束缚，也很少会有人注意到文章中所使用的词语都是暗指男性的吧。

像这样无法意识到"自己是根据偏见来判断的"，这一点正是偏见的可怕之处，同时也是我们可以加以利用的点。

那么，为什么我们的大脑中会存在这样麻烦的偏见呢？

接下来我简单介绍一下大脑的系统。

在心理学、行动经济学的领域，对于大脑的系统是这样定义的：人们在判断事物的时候，存在两个完全不同的系统，分别是用直觉进行判断的系统1，和利用逻辑进行思考的系统2。这是应用心理学学者基思·斯坦诺维奇（Keith Stanovich）和理查德·韦斯特（Richard West）在2000年发表的论文中所使用的名称，在行动经济学领域获得诺贝尔经济学奖的丹尼尔·卡尼曼（Daniel Kahneman）的《思考，快与慢》（*Thinking, Fast and Slow*）一书中使用过这两个词，使其一跃成为专业名词。

关于两个系统的特征请参考下表。

直觉判断的系统 1	逻辑思考的系统 2
直觉性快速思考，根据经验做出决定	逻辑性缓慢思考，根据归纳整理做出决定
进化过程中的旧系统 （类似于动物的认知）	进化过程中的新系统 （人类独有）
● 直觉性	● 分析性
● 高速且自动	● 缓慢且需思考
● 容量无限	● 容量有限
● 联想性	● 规则性
● 并列性	● 系列性
● 多任务	● 单任务
● 进行思考但基本不需集中	● 进行思考且需高度集中
● 学习速度慢	● 学习速度快
● 永久运作	● 当系统 1 无法得出答案时运作
● 立刻获取印象	● 系统 2 掌控最后的决定权
【弱点】	【弱点】
● 将问题自行简单化思考 ● 易受到周围环境影响 ● 易片面认为自己看到的就是全部	● 懒惰，如果不加以意识干预，就会陷入系统 1 似是而非的假说陷阱 ● 超负荷状态下，对意想不到的事无法分配更多注意力

举个例子，说说你因出差或者旅行，第一次去的地方吧。你是怎么到达那里的？怎么去的？

"首先用手机的地图 App 确认位置，接下来选择走哪条路线，然后边看地图 App 边往那边走吧。"

是的。使用手机这个工具"有逻辑"地寻找目的地，"分析"前往的路线之后再动身。总之，此过程运用了逻辑性的思考，所以属于系统 2。

那么，当你从最近的车站回家的时候呢？

"即使什么都不想也可以顺利回家吧。就算是一边用手机玩游戏一边走路，也能准确地回到家里。"

十分感谢你的回答。

但是我觉得一边玩手机游戏一边走路是很危险的，大家还是尽量不要这样做为好，不过这是根据"以往的经验"

凭"直觉"来完成的一种行为，所以属于系统1。

[icon] "原来如此。系统2是'有意识'的行动，系统1是'无意识'状态下的行动。"

严格来说，这样的说法有些不太正确的地方，但大致上这样去理解是没有什么问题的。

怎么样，现在明白了吗？人类的大脑在很大程度上被系统1的直觉判断所影响，从而产生的偏见也属于系统1。系统1为了保持快速的自动判断能力，就会形成一种马上可以参照的模式，也就是所谓的偏见。

回到最开始的例子来看，"外科医生等于男性"的偏见就潜藏在系统1当中。而人的大脑也最喜欢以系统1的方式来运作。这是因为**大脑运作的基本规则就是"尽可能不在没意义的事情上浪费能量"**。

因此，大脑更倾向于启动"无须考虑"且"迅速"就可以做出决定的系统1。

思考问题，人们会忽略逻辑

人类的大脑为了节省能量，会尽可能"不加思考"且"迅速"地做出决定，这样一来就会产生相应的副作用。而所谓的副作用指的就是"**过于重视速度，而得出了不合逻辑且不正确的结论**"。

这到底是怎么回事呢？

我再提一个问题吧。这个问题十分有名，也被叫作"琳达问题"。请大家不要深究，仅凭直觉来作答下面提出的问题。

琳达，31岁，未婚，她是一位聪明伶俐的女性。

她在大学时专攻哲学。

并且，她非常关心性别歧视和社会正义等问题，还参加了反核运动的示威游行。

那么，我要开始提问了：请大家试着将琳达可能从事的职业，按从高到低的可能性顺序进行排列，并按顺序填在后文表内的空白处。

A. 琳达是小学教师

B. 琳达在书店工作，在上瑜伽班

C. 琳达是女性主义运动的参与者

D. 琳达是精神医学的社交工作者

E. 琳达是女性投票者同盟的成员

F. 琳达是银行职员

G. 琳达是保险公司的营业员

H. 琳达是参加女性主义运动的银行职员

1	
2	
3	
4	
5	
6	
7	
8	

怎么样？大家都排列好了吗？

实际上这个问题的答案，跟"哪项是第一""哪项是最后"等因素都没什么关系，需要我们关注的重点只有一个，那就是"**F 和 H，哪一项排在了前面**"。

在你的回答中，这两个选项哪个更靠前一些？如果是 H 在前的话，你就被"副作用"影响了。

让我们冷静下来重新想一想。

F 这一选项对全体银行职员都适用，但 H 必须要满足"银行职员+参加女性主义运动"这两个条件。也就是说，

按照正确的逻辑排列，F 应排在 H 的前面。

其实，斯坦福大学也曾用这个问题做过实验。实验的对象为熟练掌握概率和统计学知识的该校学生，但结果仍有 85% 的人回答 H 比 F 的可能性更高。

所以说，不加思考的"副作用"的力量就是这么强大。

理论 **关于人性与偏见**

读一读心理学相关的书，你就会发现"人性"这个词经常伴随着"偏见"出现。那么，"偏见"和"人性"的不同点又在哪里呢？

"人性"指的是，"在解决复杂的问题或者做出某种决定时，默认使用的简单便利的解释方法或法则"。简单来说，就是"看似合理"。

再者，人性和偏见之间呈"因果关系"。也就是说可以这样理解，**"之所以产生偏见这一结果，很大程度上是因为人性的存在"**。

让我们回到刚才的"琳达问题"。"这位女性在大学时代专攻哲学，非常关心性别歧视和社会正义等问题，还参加了反核运动的示威游行，所以她极为可能是一个提倡女性论者"。这样"看似合理的推测"，也就是所谓的"人性"，让人产生了"她参加了女性主义运动"的偏见。

在人格心理学和社会心理学领域取得多项成果的心理学家戈登·威拉德·奥尔波特（Gordon Willard Allport），对于人类的思考叙述如下：

"人要借助于分类来进行思考。"

"一旦做出了某种分类，其通常会变为先入观的依据。"

"'人们要借助于分类来进行思考'，对这一点我多多少少都可以理解，但我并不知道这些分类就是先入观的依据。"

那么现在我暂且称你为"蛋糕君"吧，这样一来，读者们每次看到你都会产生"他是真的很像蛋糕吧"之类的想法。如果没有这个名字的话，就完全不会想到这些，但一加上名字，就成了先入观的源头。分类也与此等同。

 "啊，我明白了，但是蛋糕君这个名字……"

那么蛋糕君，我继续讲了啊。

在这里，奥尔波特所说的"分类"和偏见具有同样的意义。他也会举一些在美国常有的关于偏见的例子，比如：

● 非洲人节奏感好

● 亚洲人擅长数学

● 女性开车不细心

● 老年人健忘

……

顺便补充一下，我深入调查他的研究后，最让我感到惊讶的是，有一些偏见认为"非洲裔美国人容易做坏事"，而有许多非洲裔美国人自己居然也抱有这种偏见。

一些关于非洲裔美国人的冤案也大多因此偏见产生，奥尔波特也曾坦率地对此表示认同。当然，日本人也有很多像这样的偏见，比如：

- 女性不擅长理科
- 嘴笨的人不适合当营业员
- 政府机关不懂变通
- 大阪人无论到哪里都说关西话（方言）

......

这些都算是一些相当强烈的偏见吧。

▌偏见带来的强大影响

只是坐在胖人旁边……

美国莱斯大学的心理学家米歇尔·赫勃（Michelle R. Hebl）曾做过一个实验。

米歇尔在一家企业的面试会场上，把"身材肥胖的人"和"普通体形的人"安排在一起，进行了这样的实验。

下图中的两个人是求职者。面试官看到两个人在等候室并排坐的样子后，分别和两人进行了面谈。这两人除了体形以外，履历、性格、热情度等因素几乎是相同的。

那么，当被问到"在这两个人当中，你会录用哪一个"的问题时，面试官是怎么回答的呢？

"一般来说，应该会选左边瘦一点的人吧。"

没错，面试官更想录用普通体形的人。

因为在美国，**"肥胖的人专业技术不足、人际关系惨淡"这样的偏见非常强烈。**而且也有偏见认为，肥胖的人不能控制食欲，也不能保持每天运动，等同于所谓的"缺乏自我管理的人"。所以录用结果和这种偏见也有很大关系。

当然，体形也会受到遗传基因的影响，所以"肥胖"与"专业技术，人际关系"以及"自我管理能力"几乎没什么关联。但实际上，有人就会因为这些偏见而受到损失。

然而，这个实验还有令人吃惊的后续。米歇尔接下来给面试官看的是，像下面这幅插图中两组并排坐在等候室的人，对 A 和 B 两个人进行同样的面试，**结果 A 的录用率竟然比 B 的低。**

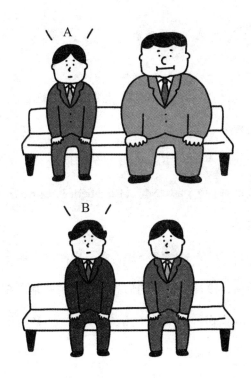

这是真的吗？只是在等候室，偶然坐在了一个胖人的旁边，被录用的概率就变低了！

我们还可以进一步理解，因偏见做出的决定不仅会对"当事人"造成影响，竟然还会给"朋友、熟人和偶然坐在旁边的人"带来影响！

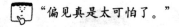"偏见真是太可怕了。"

那么，通过听觉得到的语言信息对印象又会有怎样的影响呢？

下面我介绍一下，美国加利福尼亚大学的认知心理学家伊丽莎白·洛夫特斯（Elizabeth F. Loftus）曾做过的一项实验。

洛夫特斯首先以视频的方式，向测试者展示了一场车祸的场景，该视频显示的信息要点为"两辆车相撞""但是没有人受伤"。然后将测试者分为 A、B 两组，并分别提出了下面的问题：

对 A 组：

"一辆车撞上另一辆车的时候，那辆车是以多快的速度前进？"

对 B 组：

"一辆车猛地撞向另一辆车的时候，那辆车是以多快的速度前进？"

结果，B 组回答的车速更快，因为"猛地撞向"一词使人们产生了偏见。另外，视频中并没有车窗碎裂的场景，但当提问测试者"车窗玻璃碎了吗"这个问题时，B 组也有很多人回答说"碎了"。

这个实验意味着，人们通过听觉得到的信息也会产生偏见，而且**"偏见甚至可以轻松地改写记忆"**。

这种偏见仅仅是由语言上的细微差异引起的。

如果是一个长头衔……

那么，偏见是怎样对我们的日常生活造成影响的呢？更进一步说，过于老实会产生怎样的偏见？这会使人吃亏吗？

例如，我最近经常遇到给自己加很长头衔的人。他们的头衔大概是这样的。

● IT 小白社长的操控揽客网站的私人技术顾问
● 为了妈妈们能够放心上班，认真照顾她们孩子的心理指导人员

虽说这两个都是我虚构的头衔，但当我收到类似这样头衔的名片时，我也会本能地跟蛋糕君有一样的感觉。

"这个人可能刚开始工作，感觉有点不太可靠。"

我想，有这样名片的人应该是极力想要表现自己，给

对方留下"好印象"的。

实际上，也有人在创业培训班接受指导时，就被灌输了"制作名片时头衔一定要写全"的想法。但是很遗憾，要是采用这样的名片头衔，就会吃亏。**因为这会让人产生你"业务不熟练"的偏见。**

这种偏见也可以称为"过分强调"，但不管是哪个，给对方留下的只有"负面印象"，而不是什么"好印象"。

"但是，选择合适的市场，并从那里获得工作职位，从策略上来讲难道不是正确的吗？特别是在以个人为基础考虑的情况下，这样不是更能显示出自己的优势吗？"

说的没错。作为市场战略（或品牌战略），精确目标、明确可以为对方提供的利益确实没错。要是这样说的话，我也是在"解读思想"这个狭窄的领域得到了工作职位，为大家介绍无意识介入型的谈话技巧。

但在这里我想强调的是，**在了解偏见后，如果不改变**

"别人对你的看法或印象"的话，你就会吃亏。也就是说，在传达事实时，不要不知变通。

给大家讲讲我自己的实际经历吧。

我曾经收到过一位男性给我的名片，名片上写着他"给在地方经营店铺的第二代经营者提供帮助，畅销商品的开发制作人"的头衔。

虽然我自己也在名古屋经营店铺，但说实话，我一开始收到名片的时候，就觉得**"有些抗拒"**。

因为这时大脑的系统 1 在瞬间便做出了判断。首先，"在地方经营"这个词让人有一种"从上向下看的视线感"，而且不要自行强调"商品畅销"，如果商品真的畅销的话，也就不用像这样特意强调了。

所以，之后他跟我说的一些"实绩成果"，我也没怎么认真听，但那个人实际上可能也很有实力。

所以请牢记这件事。

人不管喜欢与否，都只能通过系统 1 在一瞬间产生的偏见，来对别人做出判断。所以，**如果不考虑自己的言行**

会让对方产生偏见，一味按照自己的想法去做的话，就会吃亏。

为了不让大家因此吃亏，接下来，我将具体讲述使用偏见来操控对方脑海中印象的说话术。

▌心理机制：人们对反差感兴趣

请看下面的插图。

A. 鸭

B. 狗

你对哪个动物感兴趣？

"鸭子抱着蛋很正常，所以看起来没有违和感，但是狗抱着蛋看上去就很有违和感，所以我对 B 感兴趣。"

大家一般都是这样想的吧？

但实际上，由于鸭子有不到一定数量不孵蛋的习惯，所以插画中的鸭子只孵了一个蛋也有点奇怪。

不过人们对狗孵蛋的插画更感兴趣，而不是鸭子孵蛋的插画。**这是因为我们有"鸭孵蛋"和"狗不孵蛋"的偏见。**

也就是说，我们的大脑系统自动启动了系统 1，使我们对 B 插图产生兴趣。

请大家有效地使用这个大脑系统，这就是**利用偏见来操控对方脑海中印象的说话术。**

人有一种心理机制，那就是"一旦出现和自己（虽然没有意识到）持有的偏见有反差的事物就会自动对其产生兴趣"。

我来具体讲讲吧。

让我们再次回看一下第 16 页介绍的"日本人所持有的偏见":

● 女性不擅长理科

● 嘴笨的人不适合当营业员

● 政府机关不懂变通

● 大阪人无论到哪里都说关西话

……

我来给大家介绍一个给这些偏见加以反差的最简单的方法。请大家套用下面这个公式:

"明明是○○,却 ×× (与偏见相反的部分)"

那么"女性不擅长理科"就变成了**"明明是女性,却是理科生"**,也就是所谓的**"理科女"**。

因为有"女性不擅长理科"的偏见，所以和偏见产生反差的学习理科的女生——"理科女"也就会比较显眼。而大家也就自然会对其感兴趣。

据说"理科女"这个词是从2010年左右开始被媒体使用，之后由小保方晴子在ES细胞（胚胎干细胞）的记者招待会上推广给一般民众的。

还有人记得当时小保方的样子吗？她当时"穿着烹饪服"。我觉得，因为"烹饪穿着"和"理科"偏见形成了反差，所以会更加显眼，进而成为话题。

另外，许多人的头衔中也添加了"理科女"，例如："理科女·国际小姐日本代表"杉本雏乃，"理科女·写真集偶像"菅井美沙，"理科女·原创歌手"南友里等。

单单只是"国际小姐""写真集偶像"和"原创歌手"的话，并不能给人留下深刻的印象，但是一旦加上了"理科女"这样的头衔后，就会产生和偏见的反差，使人被其吸引，对其产生兴趣。

那么接下来，我们来试着利用"嘴笨的人不适合当营业员"这样的偏见。

套用刚才的公式，会产生什么样的反差呢？

"明明不擅长推销，却业绩最好。这样可能会让人产生兴趣。"

没错！去书店的话也可以发现有这种标题的书。

实际上，这些运用了反差的词，也经常在书籍标题和网络报道的标题中使用。比如"成绩垫底的问题少女在1年内提高了40分考上了庆应大学的故事""失去家乡的中学生"等就是简单易懂的例子。

还有一些，不过也许是我个人的偏见。在我的印象中，大阪人即使是搬到其他地方也会说关西话。所以我询问了一些使用普通话交谈的大阪人："你是哪里人？"对方回答"我是大阪人"后，我十分惊讶——**"明明是大阪人，却不说关西话"**，不知为何我对此产生了兴趣。

你知道我接下来的行动吗？

"应该是询问对方'为什么明明是大阪人，却不说关西话'吧？"

没错，我一定会提问。

而且，"让对方提问"是操控印象环节中关键的一点。

这到底是怎么回事呢？接下来我们具体看看吧。

▌绝对规则：在对方提问后，再说明反差

有一位单身妈妈。

她的孩子梦想着"能去国外的大学留学"。但是，实现这个梦想需要很多钱。她认为："这是不可能的，虽然很可怜，但也只能让孩子放弃了。"但是她从别人那里学到了保险推销的方法，从而实现了孩子"去国外大学留学"的梦想。

知道如何推销保险的她成为一家保险公司的推销员，而且为了帮助和自己一样的单身妈妈实现梦想，她每天都

在教授单身妈妈们如何灵活使用保险。

那么现在开始提问：听到有人说"保险公司的营业员"，你有什么样的印象？

"纠缠不休、强行、强势、只说好话、只是为了业绩而卖保险。"

……真是相当负面的偏见呢。

即使不至于产生像蛋糕君那么大的偏见，大家也一定会对"保险公司的营业员"有一些负面倾向的偏见吧？

也就是说，这位单身妈妈必须想到，即使她不是以"想要推销"的心情，而是单纯以"想帮你做点什么"的心情来向你搭话，一旦你想到了"保险公司营业员向你搭话的场景"，就会瞬间产生负面的偏见。

那么如何避免由于和"保险营业"挂钩而产生的负面偏见呢？她想到的是利用"单身妈妈"这个头衔。

她利用了人们对"单身妈妈"的偏见——"身上没有钱，

也没有时间"，营造了**"明明是单身妈妈，却让孩子去海外留学"**的反差。然后，她便成功引起了对方的兴趣。

开始进入工作的她迅速对客人这样说道：

"我和你一样也是单身妈妈。但是，如果很好地利用接下来我介绍的保险，就可以让孩子去国外的大学留学。所以我觉得我的建议有很多对你有用的地方。我会努力为你介绍的，请一定要听我讲一讲！"

现在，你听了这些话之后，有什么感觉呢？

"好像有点在炫耀，听完了心情也不愉悦。可能会让人觉得她不就是通过这样的谈话方式卖出保险，让孩子去留学的吗？"

说的没错。

听到这种推销谈话方式之后，我想，几乎没有人会老老实实地认为:"原来是这样!那我也从她这里买保险吧。"然后接受她的提议。

"但是,难道不奇怪吗?她也很好地营造了'明明是单身妈妈,却让孩子去海外留学'这样的反差啊。为什么没有顺利达到预期的效果呢?"

这也正是"让别人提问"的重要原因。因为"说出反差的人是她自己",所以才没有顺利地达到效果。

对于反差的说明,必须要在"对方提问之后"才开始进行。这是绝对的规则。

人只有在自己感兴趣的情况下,才会对他人敞开心扉。

在对方没有对你敞开心扉的状态下,你即使说了"实际上是这样这样的",这些话也不会被对方理解。即使对方嘴上回答"这样啊,真是太棒了",但在心里也只是对其抱有消极的情绪。这些才是事实。

如果你没意识到这一点,只是一个劲地说自己想说的话，那就会造成和自己的预想正好相反的结果，对方心中的消极情绪将会不断积累。

之前介绍的，给我留下不好印象的"给在地方经营店铺的第二代经营者提供帮助，畅销商品的开发制作人"，就是一个很好的例子。

理论 关于心理抗拒

当你感觉自己的自由被剥夺时，想要恢复自由而产生的心理作用被称为"心理抗拒"，此概念在 1966 年由美国心理学家杰克·布雷姆（Jack W. Brehm）提出。

布雷姆进行了一个"让孩子们吃他们讨厌的蔬菜"的实验，而在实验时为了不让孩子们讨厌蔬菜，还会提供一些帮助。结果表明，**越是帮忙改善挑食，孩子们对讨厌的蔬菜的抵触感越大**。这是因为孩子们对帮助产生了心理抗拒，也就更不想吃讨厌的蔬菜了。

这和越被教育"去学习"，越不想学习一样，都是心理抗拒的结果。

不仅是在销售领域，在所有的交流中，这种心理抗拒都很麻烦。**因为无论对对方来说是多么好的事情，在别人推销的瞬间，他们就会产生心理抗拒，就会产生抵触心理。**

更糟的是，由于心理抗拒是在无意识的情况下产生的，所以产生抵触的人自己也不知道为什么会产生心理抗拒。只是"不由得"觉得不好，所以也不太可能用语言形容让对方理解。

我们来回看一下刚才单身妈妈的例子吧。

使顾客产生心理抗拒的部分是："因为我的建议有很多对你有用的地方。我会努力介绍的，请一定要听我讲一讲！"

"不想被断定一定对自己有用""不想被强行要求去听介绍"等心理抵触在无意识的状态下自动生成了。

而且，越是想要改变对方的心理抗拒，这种抗拒的程度也就越大，对方也就更不可能对你敞开心扉。

▌使用引导装置，使对方提问

虽然利用反差很有效果，但是如果自己主动将反差说给对方的话，会使人产生心理抗拒，从而起到相反的效果。

那么，到底怎么办才好呢？

那就引导对方提问吧，让对方提出你想要回答的问题。

 "能对对方的行动进行操控吗？"

这是可以的，具体步骤如下：

① 使用偏见的反差，让对方产生兴趣

② 随后，对方就会想要询问："为什么是〇〇呢？"

③ 以回答这个问题的形式来讲"自己想展示的事情"

说一说我自己的例子吧。

我的头发是金色的，我也担任某商务研讨会的讲师。因此，我经常会被问道："金发的讲师很少见啊。为什么留金发呢？"这是因为在对方心里有这样的偏见：男性研讨会讲师都留黑色的头发，且穿着整洁。

对于这个问题，我是这样回答的："我经营了一个叫作 Monkey Flip 的眼镜品牌，这个品牌的销售对象是热爱摇滚、摩托车、滑冰、刺青等街头系的人们。现在我作为 Monkey Flip 的代表，有时也需要在店内走动，所以为了配合品牌的形象，我把头发染成了金色。"

如果我这样回答的话，你在脑中会对我产生什么样的印象呢？

"'这个人不仅参与了研讨会的相关工作，而且也在认真地做自己的事业'吧？"

感谢蛋糕君的回答！这也正是我想在对方脑海中留下的印象。

我作为讲师的营销点是"实践型（商务活动和日常生活中都可以使用）"。刚才蛋糕君所说的，给人一种"认真做事业"的印象，就正是我想得到的结果。

实际上，对于"为什么是金发"这样的问题，如果像刚才那样回答的话，就会得到"认真做事业的人说的话还是很有分量的""靠自己来经营店铺的人说的话很有可信度，所以可以信任你"等这样的回复，并且顺利地得到了合作。

"原来如此，道理我明白了。但是，这难道不是因为一眼就能看出金发这种反差，这个办法才可行吗？如果是刚才单身妈妈的情况，顾客也不能看出她是单身妈妈，也就不会进行提问了吧？"

说的没错，要是想让对方提问的话，需要一些"引导装置（手段）"。

现在我来介绍"引导装置"的制作方法。

让对方在脑中产生疑问！

下一页印着我的名片。

大家可以看到，手机号码的旁边标注了**"不怎么接电话"**。

递上这张名片后，基本上都会被问到这样的问题（交换名片后马上就分开了的话另当别论）：

● "名片上面标着'不怎么接电话'，这是为什么呢？"
● "不接电话，这很有意思。"

这个标注就是"引导装置"。

　　因为在"写着电话号码等于希望对方打电话来"这种偏见下，设置了"不怎么接电话"的反差，所以对方会产生兴趣想要提问。

　　对此，我的回答是："白天会去店里，有时忙着演讲，所以基本上不接电话。"说白了，就是在强调**"我，销售**

能力强，每天都很忙"。

我想对此大家应该已经明白了。但是，如果不是以回答问题的形式，而是自己先做强调呢？比如："白天在店里，有时忙着演讲，所以想要联系我的话不要打电话，发邮件就可以了。"这样说的话会怎么样？

● "大可不必，我又没说要联系你。"
● "要是这么忙的话，就别来工作了啊。"

这样，对方就会产生心理抗拒，无意识地出现消极的反应，我想大家也可以想象得到这些情况。

瞬间操控印象的重要因素之一就是：**让对方在脑中产生疑问。**为此，可以使用一点点"手段"，也就是"引导装置"。

我们在单身妈妈的例子中也导入一个"引导装置"，比如在她的名片上这样写怎么样？

岸 Margaret 正美

"可能会有人注意到并提一些问题，比如'你是在国外出生的吗？''你的丈夫是外国人吗'等等。"

没错。这时她会说：

"不，我在日本出生、在日本长大，是纯粹的日本人。丈夫也是日本人，虽说现在我们已经离婚了。"

听到这样的回答，你会怎么做呢？

"也许会问：'那为什么会有中间的英文名字呢？'"

嗯。对方要是提了这个问题，她就可以说：**"其实我**

是想让孩子去国外留学，那个学校信奉天主教，我们一起去那里的时候得接受洗礼……"诸如此类的理由。

如果对话这样进行下去的话，"明明是单身妈妈，却让孩子去国外留学"的这个反差，就可以在对方没有心理抗拒的情况下表达出来。

这就是"引导装置"。

"引导装置"即便是一些零碎的小事也没有关系，所以无论在什么地方都可以提前布置。例如她在公司的接待室接待客人的话，如果孩子的留学地是澳大利亚，就可以采取将茶倒入印有考拉的杯子里的办法，然后解释说："**虽然里面装的只是些粗茶，但这是个能带来好运的杯子，请您享用。**"

这样，对方的脑海中就会浮现出一些疑问："**为什么是考拉？它为什么会带来好运呢？**"从而对此产生兴趣，之后就是和刚才一样的流程。

对方要是问到"考拉会招来好运吗"等问题，她就可以这样回答："**其实我让孩子去澳大利亚留学了，在那**

里……（穿插与考拉杯子相关的小故事），它给我们带来了好运。"

这个回答，从形式上回答了"为什么考拉的杯子能带来好运"，所以，对方不会产生心理上的抗拒。但是，在另一方面，让孩子去海外留学这件事也给对方留下了印象。

之后就是看准时机，将"怎么才能让孩子去留学"这个一开始就想传达的话告诉对方就可以了。

现在我来总结一下以上提及的内容。

人肯定都有一些偏见。并且，不管喜欢与否，人们通常都通过带有偏见的目光来判断他人。如果不考虑这些偏见，不懂变通，老老实实做事的话就会吃亏。

所以为了保证付出的心血没有白费，不可或缺的就是营造与偏见的反差。而营造反差需事先布置"引导装置"。

这些也正是通过操控印象并从中受益的一种机智的交谈方式。

如果交流会上和你互相交换名片的女性留着平头发型的话，你肯定会对她产生兴趣吧？要是现场气氛允许的话，你也肯定会向她询问理由。

如果进到的一家法国餐厅店内中央装饰着大佛像，你会有什么感觉？你也会想要去问一问吧？

人一旦遇到跟主观偏见有反差的"引导装置"，就会想要提问。那就设置一个装置，来引导对方提出你想要的那个问题吧。然后借此回答问题，顺其自然地将你想给对方留下的印象，刻入对方的脑海中。

█ 注意不能制造反差的情况

我在之前的部分，向大家介绍了通过设置一些与主观印象形成反差的"引导装置"，来进行操控偏见的技巧。不过，在这章的最后，我也要介绍一些**不能制造反差的情况**。

比如，银行的负责人为了体现反差，选择穿"红色的皮夹克"会怎么样？

如果医生不穿白大褂而是穿迷彩花纹的连体衣，或者警察穿着日式短外衣的话，会怎么样呢？他们就会失去可信度。

也就是说，在这些情况下不能制造反差。

"哎，等等。之前不是一直说要制造反差，现在又说不能使用反差。反差可不可以使用，到底该怎么判断才好呢？"

大家肯定会有这样的疑问吧？不过请大家放心，判断的标准非常简单。

如果对方抱有强烈的偏见，就要避免使用反差，只有在偏见不是那么强烈的情况下才可以使用反差。

刚才的例子中，"银行的负责人""医生"和"警察"等职业对服装有着"就应该是这样"的强烈主观印象，所以要避免在服装上使用反差。

相反，人们对于美容师、设计师、翻译家、咨询师等职业的服装没有强烈的主观偏见，在这种情况下，就可以活用反差进行着装，操控对方的主观印象。

也可以简单地认为，制造反差和不制造反差，标准是哪个最终更能够起到作用。

拿我的例子来说，我在知道"金发讲师在金融系等固定的场合难以被人们接受"这件事的基础上，发现制造反差更容易起到效果，所以最终决定维持金发的形象。

大家也要好好把握他人对自己的业界和工种的主观偏见，做出最好的反差，进而掌控给他人的印象。

操控主观印象

① 你在自己的职业、立场或者企划、商品、服务等方面，最想向对方展示的点是什么？

② 人们对你的职业、立场、企划、商品、服务所持有的偏见是什么？

③ 思考①和②，如果加入反差的话，你要怎么做？这在对方看来是"疑问"吗？这种情况是不是不加反差更好？

④ 让对方提问这种反差的"引导装置"，会让对方想到什么呢？

⑤ 对④的回答与"你想展示的点"互相关联吗？

一瞬で印象を操る

◆◆◆ 第二步 ◆◆◆

印象深入：
引起对方的兴趣，促使对方做出行动

▎解释说明后，对方也会基本忘记

利用操控偏见使对方对你敞开心扉之后，需要使用的说话术，就是本章将要介绍的"印象深入"。

请思考一些让对方按照你的想法做出行动的小技巧。

比如说，你的朋友开了一家拉面店，你问道："你们做的是哪种拉面？"朋友向你介绍："我们做的是鱼贝类的盐味拉面。我们每天都采购新鲜的鱼，将用火炙烤后的鲈鱼加以蒸煮做汤。面是用两种小麦粉混合制成的细面，和汤非常搭。你也来尝一尝啊。"

几天后，其他朋友问了还没去过这家拉面店的你："那家伙开的拉面馆卖什么样的拉面啊？"你会怎么回答？

"……鱼贝类拉面。"

没错。朋友"介绍"过的那些内容，你基本上都忘记了。进一步说，这是因为他的介绍没有引起你做出行动，没有使你产生兴趣去店里品尝。

来看看我的事例吧。

正如我之前所说，我的实际业务是经营一个名为 Monkey Flip 的眼镜品牌。而如果作为讲师上台演讲时提起这件事的话，经常会被问到"Monkey Flip 的眼镜是什么样的"。要是以"介绍"的形式回答这个问题的话，我应该是像下面这样回答：

"眼镜可以分为塑料眼镜和金属眼镜，而 Monkey Flip 主推的是有重量感的塑料眼镜，其中加入了在摇滚、摩托车、滑冰、刺青等街头文化中流行的元素设计。由于眼镜尺寸做得略大一些，乍一看会感觉很重，但戴上之后体验感非常好。一副1万日元（相当于人民币590元），价格便宜，也很容易买到。"

感觉如何？

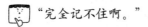"完全记不住啊。"

我就说吧。虽说听了某人的介绍，但是大脑什么也没记住。

即使可以通过操控偏见来引起对方的兴趣，让对方提出问题，但一旦像推销商品一样谈及自己业务的话，对方的兴趣就会瞬间减弱。

究其缘由，就是因为这些只是将商品的规格都摆在一起进行"介绍"。特征、性能、材料、尺寸等**的说明介绍会让人失去倾听的欲望**。而综观整个社会，也有很多人采取了这样的介绍方式。

可以说 90% 以上的人都只是在介绍商品规格。无论是商务方面的交谈，或是电影、书籍的介绍，还是拉面、咖喱的话题，始终都在说明规格。所以，这些才没有打动对方的内心，也就不会在对方的脑海中留下印象。

操控对方行动的技术

要想让对方持续保持兴趣，我们应该怎么做呢？

当我被问到"Monkey Flip 的眼镜是什么样的"这个问题时，请大家看我实际作出的回答："打个比方来说，就像芭鲁特那样的眼镜。"而这时对方就会提出疑问。

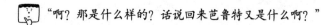 "啊？那是什么样的？话说回来芭鲁特又是什么啊？"

这也正是我的目的所在。正如在第 1 章中介绍的那样，**让对方在脑海中产生疑问，为了消除疑问，对方就会向你提问。**

然后像我期待的那样，对方提出了问题："芭鲁特是什么？"此时，我就可以说："这个很难用语言来形容，我给您看一下图片吧。只不过稍微有点怪异，大家做好心理准备。"我一边给对方解释一边将用手机搜索出来的芭鲁特展示给大家看。

　　顺便说下，芭鲁特就是将孵化前的鸭蛋进行蒸煮制作的一道菜，在菲律宾经常可以吃到。是打碎外壳就会露出几乎和雏鸟形状一样的配菜，有一种冲击力很强的视觉效果（可以忍受的人请一定要检索一下）。

　　确认对方看到手机中的芭鲁特后，我继续进行以下讲解：

　　"大家可以看到，虽然芭鲁特的外表有很强的视觉冲击效果，但其味道却十分鲜美，吃过一次就会上瘾。同样，Monkey Flip 的眼镜因为外表华丽，所以也经常不被顾客选择，但一旦戴上，就会有极其舒适的体验感，反而会有很多人沉迷于这种上瘾的感觉，成为我们店的回头客。"

这样就可以结束对话了，之后，对方就会突然对Monkey Flip 产生兴趣，在网上检索相关信息，要是附近有门店的话也会去店里看看。

大家明白了吗？我想让对方做的就是**"对 Monkey Flip 产生兴趣，自己采取行动（检索线上店铺或去实体店）"**。

但如果我一开始就对顾客说："我们店有网站，大家可以搜索一下。"或者说："我们在大须也有实体店，大家一定要来看看。"结果会是什么样呢？

对方就会客套地告诉你："原来是这样啊，那我再看一看吧。""要是去那附近的话，我就顺道去店里看看。"只不过，他们几乎不会做出实际的行动。

这是因为客人并没有对 Monkey Flip 产生兴趣。进一步讲，由我指示客人进行行动，会使客人产生心理抗拒，客人甚至可能会对我和 Monkey Flip 产生抵触感。

因此，我采取利用"引导装置"来进行传达的方法，首先是为了让大家对 Monkey Flip 感兴趣。

准确来说他们并不是对 Monkey Flip 这个品牌感兴趣，

而是对其产生想法："**这个怪异的芭鲁特式眼镜到底是什么样的呢?**"由此,他们做出的行动就是"上网检索 Monkey Flip"或是"访问 Monkey Flip 的店铺网址",这也正是我的目的所在。

不是罗列规格式的说明,**而是将图像嵌入对方脑海,使其像自己预想那样做出行动。**

这就是所谓"印象深入"的说话术。

将信息烙印在对方的记忆里

正如刚才所说，印象深入是"让对方向自己期望的方向行动"的技巧，但实际上还有另一个目的，那就是"**将信息烙印在对方的记忆里**"。

我觉得还是让大家亲身体验一下，才能对此理解得更深，所以我们赶紧试一试吧。

请在 15 秒内尽量记住下面这一串数字；15 秒后，把记住的数字写在纸上，或者在手机上记录下来；然后，对照一遍，确认自己准确记住了多少数字。

```
9618282464923795810363373246
```

我有幸在小学进行演讲时，让学生们做了这个测试。
结果，即使是低年级的小学生们也能准确记住 14~15 位数。
（你和低年级的小学生相比结果如何？）。

接下来大家请看上面这一组插图。

一边看插图一边从左上图开始顺时针记忆如下内容，

并请像刚才一样挑战 15 秒，直到回答准确为止：

黄黑相间的蜜蜂（9618282）

请多关照哥哥（464923）

哭泣的恐怖猴子（795810363）

南城（373246）

诀窍是不要有意地记忆数字，而是将插图本身的印象印刻在脑海中，然后在脑海的屏幕上将数字作为反射式字幕进行播放。这就是所谓的"印象深入"。

小学生们在使用印象深入后，就可以准确记住所有的数字。你也可以感受到，刚才直接记忆数字与使用印象深入后相比，留在脑海中的信息差异很大吧。

另外，利用印象深入所记忆的东西，在必要的时候马上就可以想起来。这是一种只要脑海中浮现印象，就会自动加上数字的感觉（我用这个方法来记忆自己使用的 5 张信用卡的号码）。

这也意味着，如果成功利用印象深入，一提起相关的事情，对方就会想起自己。就像你今后一看到芭鲁特，就会想起 Monkey Flip 一样（嘿嘿）。

顺便说一下，印象深入，和在《沉默的羔羊》（*The Silence of the Lambs*）等作品中登场的，拥有天才头脑的杀人犯汉尼拔·莱克特（Hannibal Lecter）博士使用的记忆方法——记忆宫殿原理相同。记忆宫殿这种方法在网上便可以检索到，大家要是对其感兴趣的话，可以在网上搜一搜记忆宫殿的相关内容。

目前为止，我让大家体验了这种**"将印象深烙在记忆中"**的感觉。事实上，在全世界也进行着很多有关印象和记忆的实验。我在此给大家介绍一下斯坦福大学的认知心理学家高登·霍华德（Gordon Howard）利用模拟裁判来进行的实验。

模拟裁判的实验概要

一个叫桑德斯的人在开车。

桑德斯没有在暂停行驶的标识前停车，所以和一辆垃圾车发生了猛烈的撞击。

桑德斯在上车前参加了一个聚会。

事故发生后并没有检测血液中的酒精浓度，所以并不知道桑德斯在聚会上是否喝酒。

在这样的情况设定下，陪审员们有以下两个证言：

A．桑德斯从聚会回来出门的时候，摇摇晃晃地碰到了饭桌，把碗撞掉到地板上。

B．桑德斯从聚会回来出门的时候，摇摇晃晃地碰到了饭桌，将放有奶酪沙司[1]的碗撞掉到地板上，沙司洒在了白色的长毛地毯上。

那么，哪个证言更会让陪审员认为"桑德斯喝酒喝醉了"？是的，正如你所料，听了 B 证词的陪审员更会认为桑德斯是喝醉了。

---

1. 奶酪沙司，指将常用于墨西哥料理的牛油果捣碎，再加入洋葱和西红柿，做成的鲜绿色奶油状的沙司酱。

霍华德根据该实验结果，得出了这样的结论："**能够清晰地想象出来的印象更容易留在记忆中**""**能够清晰地想象出来的东西，也更容易引起之后做出重大的行动**"。

"我知道了，在对方的脑海中刻入印象十分重要。但是，这一步具体要怎么做才好呢？"

你肯定会产生这样的疑问。不过，在回答这个问题之前，请让我再讲一讲全世界进行过的实验。

这是一个由印象深入引起的与"无意识"相关的话题，包含了从市场营销等商业领域到恋爱等情感领域都能广泛应用的世界最尖端的知识。

"总之想要得到技巧，但不想深究缘由"的人请跳到第 86 页（"自然地邀请喜欢的对象约会"的方法）。

理论 关于无意识

接下来要讲的是"无意识"的相关知识，理解了以下内容之后，大家对印象深入的理解也会更加深入，所以请好好把握要点。

不过，与无意识相关的知识相当深奥，所以我只概括说明对实践有效的内容，那么就从大原则开始讲解吧。

随着 fMRI（functional Magnetic Resonance Imaging，一项能将脑和脊髓的血流动态反应视觉化的技术）的发展，现在医学领域已经可以调查脑内的活动状况了。根据其调查结果，在现代心理学和脑科学的世界里，人们认为"**人类的行动几乎都是由无意识决定的**"。

例如，哈佛商业学校的杰拉尔多·萨尔特曼（Gerald Zaltman）认为：

● *"人类的大脑活动由 5% 的意识活动和 95% 的无意识活动组成。"*

● "意识活动只占全体的5%，也只不过是在95%无意识活动的基础上进行的自我解释。"

也就是说，萨尔特曼认为，"我们的行动100%是由无意识决定的"。

为了让大家有一点实景感，我们设想一下"骑自行车的时候，有小孩子冲过来"的场景。

大家肯定都会捏刹车把车停下吧？自行车停下，没撞到小孩子。

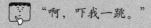 "啊，吓我一跳。"

不觉得你这时的想法有些奇怪吗？

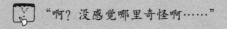 "啊？没感觉哪里奇怪啊……"

那我们把这一系列的事件画图表示出来吧。

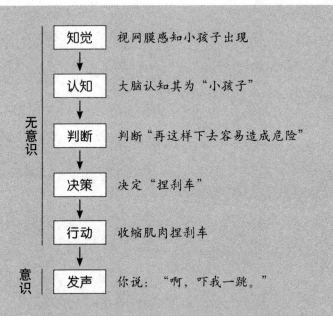

首先，我们的视网膜感知到"小孩子冲过来"这个事实。接着大脑就会认知其为"小孩子冲过来"。这时大脑就会判断"有危险"，发出"捏刹车"的指令。最后，收缩肌肉捏刹车。

到这里为止，大脑都在进行着无意识活动，据说只需要0.5 秒的时间。在这之后我们才进行有意识的活动。因此，意识领域的语言才会变为"吓我一跳"这样的过去形式。

"原来如此。根据无意识的指令行动后，我们才发出感叹，所以才会用过去形式啊。"

没错，正是这样。无意识控制着我们的行动，且并不适用于血液循环、呼吸、消化、排泄等自律神经领域。

正如萨尔特曼所说："5% 的意识活动，也只不过是在 95% 无意识活动的基础上进行的自我解释。"我们认为的"有意识进行行动的领域，实际也基本上都是由无意识决定的"。

另外，我来为大家揭晓一些相关实验的结果吧（如下表所示）。

比特数（每秒传送的数据量）	感觉系统（比特／秒）	意识领域（比特／秒）
视觉	10000000	40
听觉	100000	30
触觉	1000000	5
味觉	1000	1
嗅觉	100000	1
五感合计	11201000	77

这是德国海德堡大学生理学研究所的曼弗雷特·齐梅尔曼（Manfred Zimmermann）所做实验的结果（请将表中的"感觉系统"部分看作"无意识领域"）。

大家可以看到，五感有意识地接受的信息量，只有无意识时五感接收信息量的 0.00068%。

"我明白了，无意识的作用很大。可无意识也就是意识不到吧，那到底该怎样运作它呢？"

世界各地进行了各种各样有关无意识的运作方式的实验，我来介绍一下其中几个具有代表性的实验。

★ 改变背景音乐提升销售额

这是在 2017 年获得诺贝尔经济学奖的芝加哥大学行动经济学家理查德·塞勒（Richard H. Thaler）所做的实验。实验地点为英格兰的某家超市。这家超市的红酒架上放有

8 瓶红酒，其中法国红酒 4 瓶、德国红酒 4 瓶。之后隔天交替播放"法国印象的背景音乐"和"德国印象的背景音乐"，最后调查背景音乐对红酒的销售状况产生怎样的影响。

结果，**在播放法国印象背景音乐这天，卖出的法国红酒占销售总数的 77%。在播放德国印象背景音乐这天，卖出的德国红酒占销售总数的 73%。**

仅仅这些，就已经是让人十分感兴趣的结论了。而塞勒还向在播放法国印象背景音乐这天购买法国红酒的人（以及在播放德国印象背景音乐这天购买德国红酒的人）提出了这个问题："你买这瓶红酒是因为店里播放的音乐吗？"

对这个问题，7 个人中只有 1 个人回答："是啊！我是被播放的音乐吸引才买的。"**其他 6 个人完全不记得（没意识到）店内播放的音乐。**

无意识世界由五感和印象构成，其中只有必须用语言来理解的东西才会上升到有意识范围。

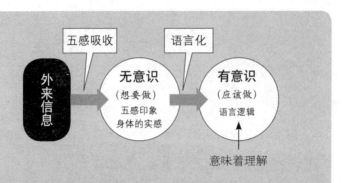

也就是说，上升到有意识范围的只是无意识感知到的很少一部分的信息（正如第 71 页的内容）。因此，以刺激五感的形式介入无意识的信息的话，就会发生"语言层面无法理解却能做出行动"的情况。

当然，这不仅仅限于听觉。下面介绍一下关于视觉和嗅觉的实验吧。

★ 旁边只要有"目光"，行动就会发生改变

这是一个名为"诚实之箱"的实验，是由英国纽卡斯尔大学教授心理学的梅丽莎·贝特森（Melissa Bateson）

所进行的。

其实验地点为某个公司的饮料柜台，该饮料柜台不同于自动贩卖机，采用的是让大家自发地将钱放进旁边放置的箱子里的方式。而且写着饮料价格的贴纸刚好贴在与眼睛同一高度的位置。

贝特森花了一周时间调查了这个饮料柜台取出饮料的数量和放在箱子里的金额。结果显示，和偶数周相比，奇数周的箱子里放了2~3倍的钱。**出现差异的原因是写着金额的贴纸上附带的照片。**

如下图所示，在偶数周放的是"花"的照片，奇数周则是"以眼睛为中心的人脸"的照片。在奇数周，像刚刚说的那样，在意"别人的目光"，认真付钱的人增加了。

贝特森也在实验结束后，向所有使用者询问了关于照片的问题。直到现在，几乎所有人都没有注意到每周会更换照片的事情。不，在这之前，甚至都没有人意识到贴纸上加了照片。

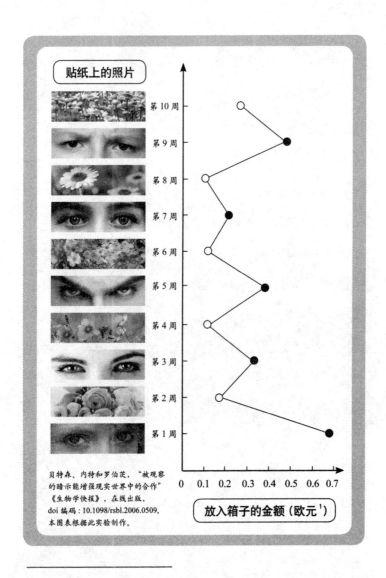

贴纸上的照片

第 10 周
第 9 周
第 8 周
第 7 周
第 6 周
第 5 周
第 4 周
第 3 周
第 2 周
第 1 周

贝特森、内特和罗伯茨，"被观察的暗示能增强现实世界中的合作"《生物学快报》，在线出版，doi 编码：10.1098/rsbl.2006.0509，本图表根据此实验制作。

0   0.1   0.2   0.3   0.4   0.5   0.6   0.7

放入箱子的金额（欧元 [1]）

1. 1 欧元约 7.8 元人民币。

也就是说，**我们明明没有意识到"被别人看着"，无意识中却牢牢捕捉到了，从而改变了行动**。这可以说是一个很容易理解的视觉相关的实验。

★ "气味"和"天气"也能操控人的行动

接下来我介绍的是和"气味"相关的实验。

这是科尔盖特大学的唐纳尔德·莱尔德（Donald Anderson Laird）所做的实验。该实验的研究对象是 250 名住在纽约的主妇。

莱尔德的实验内容是，将 4 条长筒袜给这些主妇，并提出要求："请各位确认质量，然后从这 4 条中选出质量最好的那一个。"

但实际上给她们的 4 条长筒袜的质量都是一样的，不同的是每双袜子上各自带有的"水仙""水果""香袋""无臭"的味道。

实验结果如下图所示。

	选择人数占总人数的百分比
水仙	50%
水果	24%
香袋	18%
无臭	8%

"你为什么会选择这条长筒袜呢？"莱尔德向主妇们询问理由。对此，主妇们毫不犹豫地回答了"布料好""手感好""光泽好""时尚"等理由。

明明是完全相同的产品，竟得出了这样的结果。与此相对，根据莱尔德发表的结果，250人中只有6人提到了与"气味"相关的内容。

除此实验之外，在与体感相关的研究实验中也有一些有趣的事情。

这是在美国的某家餐厅里进行的有关天气的实验。研究人员简单地调查了女服务生在晴天和雨天里收到的小费的差别。结果显示，**女服务生在晴天收到的小费更多**。

虽然完全不是有意识地想到"今天天气晴朗，那就多给点小费吧"，但只是无意识地感知到天气晴朗的信息，就产生了经济活动的差异。

如果这是全人类共通的一种意识行为的话，那在晴天时，全世界经济活动都会变得活跃吧？

"我知道了，通过介入无意识的信息可以操控人的行动。但无论是声音还是气味，都很难在人与人之间的日常交流中使用吧？"

确实如此，但在这章的最后，我会做出解释让大家心满意足的。

接下来我讲一讲关于前一章所说的小麻烦：心理抗拒和语言的关系。

▌语言说明会失败，印象深入会促进行动

让我们来复习一下有关心理抗拒的内容吧。

所谓心理抗拒，就是**"感觉自己的自由被剥夺的时候，想要恢复自由而产生的一种心理作用"**。

这种作用的力量非常强大，像之前所说的那样，它会成为实现我们期望的巨大绊脚石，**而"语言"是产生这种心理抗拒的最大原因**。这是因为语言能够进入意识领域。

对于深入意识领域的解释说明，被说明者的大脑会自动反应产生心理抗拒，然后便会阻碍他们做出我们所期望的行动。

"我没太明白……"

那我来举个具体的例子吧。

大家想象一下暑伏天（即三伏天）前后的时候，在日本的便利店会开始销售鳗鱼。我家附近的便利店店长非常有干劲，每到这时，店长经常会这样吆喝："鳗鱼鳗鱼，点鳗鱼便当喽。要不要来一份热乎乎的鳗鱼便当呢？"但顾客听到这些话时，真的会想"那就吃鳗鱼"吗？

"我认为不会。不如说是，感觉有点烦啊。"

是吧？我觉得就算不吆喝也很烦，甚至开始考虑"去别的便利店吧"。

那家便利店的对面就是牛肉盖饭的店面。一出便利店，就可以闻到牛肉盖饭店飘来的烤鳗鱼的香味。而这时，我就会无缘由地想吃鳗鱼，要是正好肚子饿了的话肯定会去店里吃了。

重点就在这里。

即使我们丝毫没有"劝诱"的意图，只是想详细地"介绍"，或是只想提一些有帮助的"建议"，**但在使用语言这种手段的瞬间，就很有可能会让对方产生心理抗拒。**

当然，根据时间和场合的不同，对方抗拒的程度也会有差异，但"语言"，更确切地说是**"用语言直接介绍或建议"，在大多数情况下都会引起对方的心理抗拒，导致沟通无法顺利进行，这也是无可厚非的。**

能够避免这种情况的表达方式，就是印象深入。

印象训练和实际训练有同样的效果

请大家想象眼前有一个柠檬，一个新鲜的、看起来很酸的柠檬。

将这个柠檬横放，在正中间下刀切成两部分后，从光润的切面飘来略含酸味的柑橘类水果的香气。

用手拿起其中一部分柠檬，送到嘴边，然后想象自己咬了一下。

感觉如何？

你的嘴里分泌了唾液？（很多人都会这样。）

明明眼前并没有柠檬，也没有柠檬的香味，身体却做出了和真实咬柠檬时一样的反应。

这就是想象的力量。就像"构想练习"那样，想象具有改变行动的力量。

我再来介绍一下澳大利亚心理学家艾伦·里查德森（Alan Richardson）所做的实验。艾伦把学生分成三个小组，用下面的方法让学生们进行了 20 天的篮球罚球练习。

A 组：每天练习罚球。

B 组：只在第一天和第 20 天练习罚球。

C 组：只在第一天和第 20 天练习罚球，在其余 18 天每天进行构想练习 20 分钟。

C 组进行的构想练习的方法是，首先在脑中浮想自己罚球的场面，然后构想如果这次罚球"失败"，那下次要努力罚球"成功"。

20 天后，各组罚球技术的进步率如下：

A 组：24%。

B 组：0%（也就等于完全没有进步）。

C 组：23%。

大家应该注意到，每天练习的 A 组和几乎只进行构想练习的 C 组的进步率相差不大。

我再介绍一个与此相关的研究，其为查尔斯·加菲尔德（Charles Garfield）的研究实验。查尔斯曾是 NASA（美国航空航天局）的一名研究员，之后担任加利福尼亚大学伯克利分校的性能科学研究所所长。

查尔斯表示，苏联曾详细研究过身体的运动能力和构想练习之间的关系。例如，在 1980 年美国举办的第十三届冬季奥林匹克运动会中，参赛选手们被分为以下 4 个小组进行研究实验。

A 组：练习时间全部用于实际动身练习。

B 组：75% 的时间用于动身练习，剩下的 25% 用于在脑中想象各个项目的正确身体动作，以及对想要取得的成绩的构想练习。

C 组：动身练习和构想练习各占 50%。

D 组：25% 用于动身练习，75% 用于构想练习。

那么，这次实验究竟得到了什么样的结果呢？按选手留下的成绩排序，结果为 D 组＞C 组＞B 组＞A 组。也就是说，在构想练习上花费的时间越长，越能取得好成绩。

想象的力量就是这样强大。

所以，通过让对方进行构想，就可以让其行动起来。

实战演练：自然地邀请喜欢的对象约会

那么，请实战练习这个强有力的印象深入方法吧。

假如有一个你喜欢的异性（同性也可以），你得到了一些消息——对方喜欢泰国菜，所以你想试着邀请对方去你老家的一家好吃的泰国餐厅。

这时应该如何邀请对方呢？

"那个，听说你喜欢泰国菜，我老家有一家非常好吃的泰国餐厅。厨师是日本人，曾经在泰国修学了3年，做的菜也很合日本人的口味，店里有 30 多种菜，很丰富，当地人都认为那里的饭菜很可口。环境不喧闹，店内的气氛也非常好。不过地点有点不太好找，要不我们一起去吧？"

哦哦，原来如此。但是抱歉，我可能得拒绝了。

你只是在介绍这家餐厅的规格，可以说是一种很典型的失败邀请方式。对关系还不够亲近的对方，即使向其介绍厨师的经历、菜单、氛围、他人的评价等类似餐厅的规格，也无法打动对方的心。就像工作中的"汇报、联络、商谈"一样不掺杂个人的感情，即使对方可以理解，也不会动心。

不过如果一开始就简单直接地邀请对方"我们一起去吧"，又过于唐突，对方也很有可能产生心理抗拒。也就是说，对方大概率不会接受你的邀请。

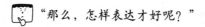 "那么，怎样表达才好呢？"

这就需要利用对方的想象。

具体来说，是在对方脑海中印入构想画面，以此促使对方做出自己所期望的行动。比如说，像这样：

"那个，听说你喜欢吃泰国菜，我有个问题想请教一下。我老家那边有一家泰国餐厅里有一种特别好喝的汤，不过肯定不是冬阴功汤，因为汤是乳白色的，一看就知道味道温和。你知道那个汤叫什么吗?

"而且那个汤，会放到桌上点燃的银盆中再取出，取出的一瞬间，桌上就会飘来清爽的柠檬香气，还夹杂着甜甜的味道。喝一口汤，首先感受到的是甜味。没错，就是甜味，而且是不黏腻的果味那种甜。然后，过一会儿就能感受到泰国料理特有的浓郁辣味。甜辣交融，再加上新鲜香菜的香味，那种感觉只有'幸福'这个词可以形容了。店里卖的就是这种汤。你知道这种汤的名字吗?"

像上面这种表达，从形式上来看是在询问汤的名字，所以对方首先是不会产生心理抗拒的。但隐藏在其中的是，用自己喜欢的料理刺激对方进行构想，所以对方的无意识领域大概率会运作起来产生"想吃"的念头。

于是，对这个问题，对方可能会回答："**应该是 Tom-kha-kai（椰汤炖鸡）吧？感觉很好吃的样子，我都有点想吃了。**"

这就是对方产生行动的信号。"感觉很好吃的样子，我都有点想吃了。"对方如果像这样对你说的内容动心了，你就可以顺着接下去："不过地点有点不太好找，要不我们一起去吧。"

通过语言来刺激对方进行构想，促使对方做出自己所期望的行动。这就是印象深入的方法。

关于原理的部分已经全部讲完了，我现在开始介绍具体的使用方法。关于印象深入的方法有以下 5 种：

● **事实**

● **明喻**

● 类比

● 短隐喻

● 长隐喻

让我们分别详细了解一下吧。

印象深入的具体操作

事实：证实自己的话语可靠

事实也被称为证据。

人在听说一些新鲜事物时，内心通常会对其持怀疑态度："这是真的吗？"此为一个固定机制。这是因为从太古时代开始，"未知的事物"隐藏着危险的经验就已经刻进了我们的 DNA 中。

假设，有位女性没有勇气向心仪之人告白。她来到我这里，想要寻求打破当下僵局的心理技巧。

我对她说："很简单。请凝视对方的眼睛 8 秒以上，如果进展顺利的话他会喜欢上你，至少也会对你抱有好感吧。"

她听到这句话后会怎么想呢?

 "这种事情怎么可能！"

她肯定也会这样想吧。因为人一旦遇到之前从未接触过的事物和想法时，本能拒绝的心理机制就会发挥作用（在第 149 页会有详细说明）。而能有效避免这种心理抗拒的，就是事实。

事实大致分 3 种类型，如下图所示。

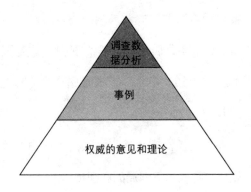

图中最底层的是"**权威的意见和理论**"。即使你不相信岸正龙这个人的话,但当你知道他的主张是基于诺贝尔经济学奖获得者的想法时,如果你觉得"或许可以相信他",那么你就亲身感受到了事实的力量。

我在这本书中参考世界各地的心理学家们所做的实验结果,就是在利用事实。

对于"凝视对方 8 秒以上"的建议,如果加入"权威的意见和理论"会怎么样?让我们来试试看吧。

"现在我要讲的是 2009 年在名为《性行为档案》(*Archives of Sexual Behavior*)的学术杂志上发表的论文的内容。具体来说,是英国的一项有关视线的实验的内容。

"实验过程就是用隐形相机悄悄追踪与 115 名学生对话的男演员、女演员的视线,之后让学生评价聊天对象的魅力。

"实验之后,我们可以了解到有关男性视线的一些有趣的实验结果。被男性评价'没有魅力'的女演员注视他们眼睛的时间平均为 4.5 秒，与此相对，被评价'很有魅力'的女演员注视他们眼睛的时间为 8.2 秒。

"根据这个结果，论文得出了'女性注视男性的眼睛超过 8.2 秒的话，男性就会觉得眼前这位女性很有魅力'的结论。怎么样？要不要试着注视他的眼睛 8.2 秒？"

我要是这么对那位女性说的话，她会不会就这样想了："那就试试吧。"

"但是，这只是一个实验，实际生活中不能用这种方式吧？"

没错，肯定会有人产生这样的疑问，可以说"权威的意见和理论"都会伴随着这样的怀疑。因此，刚才图中金字塔的正中间是"事例"这个词。

因为不能推翻"有人实际应用并取得了效果"这一事实，所以最有效的就是用"事例"传达"权威的意见和理论"。

在本书中，我经常会选用一些实际生活中的小场景，也是想要利用"事例"来达到传达的效果。

如果在提议"注视对方的眼睛"之后，再为其讲述一些"事例"的话，那么对话应该会这样进行下去吧：

"请听我讲一下我自己的实例。

"某钟表制造商曾公开发表过某位女演员注视镜头8.2秒的视频，我立刻就知道这个视频实际运用了英国的那项实验。但是，原来的实验是在现实中真正被注视的，而不是以视频的形式。虽然我当时觉得视频肯定没有效果，但还是打算当作一个小实验来试一试。

"实验之后……虽然只是一个视频但真的不能小看它。在看这个视频之前，我完全不了解那个女演员，但是在看完视频的瞬间，我就成了她的粉丝，从那以后也一直很热情地支持她。这个视频就是有村架纯注视镜头8.2秒的视频，真的，超级有效果。"

"事例"的数量越多，信服力就越大。

因为这不光让可信度增加，**"潮流效应"**（对有很多人喜欢的事物自己也想要喜欢的心理机制）也发挥了作用。

但是，这其中也隐藏着很大的缺陷。你知道这个缺点是什么吗？

谈话中，**"不成功的事例是不会出现的吧？"**

不愧是蛋糕君，没错！

因此，金字塔图中最顶端的就是收集了包括成功和失败案例的**"调查数据分析"**。

根据调查数据的质量和数量的不同，需要慎重地收集数据。不过也不妨找一找你提出的案例有没有可以利用的"调查数据分析"

比如，（以下是我捏造的内容）注视对方眼睛的提议就会变成这样：

"'如果男性注视女性 8.2 秒，就已经坠入爱河了'，关于这个说法，日本的结婚咨询所分析了 3 万多个数据。

"根据对数据结果的分析，对女性抱有与恋爱相似感情的人占 34%，虽然没到恋爱的程度，但是抱有好感的人占 58%，只有 8% 的人没什么感觉。那么，92% 的情况下会对对方抱有好感，所以没理由不试试这个建议吧？"

"权威的意见和理论""事例""调查数据分析"，好好利用这三点，你说的话就会变得可靠起来。

明喻：范本为"吐槽比喻"

为了使构想的印象更加清晰，可以采用**"像……一样""像……那样"**的表达方式来进行比喻。准确的明喻会渗透到无意识领域，这是因为明喻会使构想的形象更加鲜明。

比起"云"或"高速球"，**"柔软到可以包裹住整个身体的云"或"像是要割开风燃烧天空一样的高速球"，更能让人的脑海中浮现出生动的情景。**

而且，正如第 65 页霍华德的实验中所介绍的，能够更清晰地构想出来的东西，更容易引起对方之后做出重大行动，也就是说，可以促使对方做出自己期望的行动。

不过，需要注意的是，像"像棉花一样的云""如箭一般的高速球"这样已经成为惯用句的明喻是无法让对方构想形象的。如果使用惯用句的话，这和听商品规格介绍的效果是一样的，所以会失去让无意识活动的力量。

反过来说，合适的范本就是艺人的"吐槽比喻"。特别是上田晋也[1]先生的"吐槽比喻"有很多值得学习的地方，在这里我给大家介绍其中几个。

---

1. 上田晋也，日本电视节目主持人。

- 像 1 月 3 日返乡过年的中央高速那么慢!

- 像 200 级的俄罗斯方块那么快!

- 像马里亚纳海沟那么深!

- 像鞋里进沙子那么在意!

- 像辉夜公主[1]那样任性!

- 像荞麦面店有牛肉丝那样意外!

因为我是一个棒球迷,下面这样的"吐槽比喻"我也觉得好笑(只有懂的人明白)。

- 追得太紧了吧,简直像是全胜的代打!

- 像犯规高飞球飞到中间那么难!

- 这难道是一个接一个的回声击球吗!

---

1. 辉夜公主,是日本流传的神话故事中在人间的一位天女。

虽然表达方式有些不同，但是它们的基本构造都是"像……一样"，所以可以说都是明喻。而且每一个都能在引人发笑的同时，在人的脑海里构建印象吧。

在一句话的后面加上明喻也很有效。即使是在上田先生不断说出笑料以让人发笑的"吐槽比喻"里，也有这样的例子：

● 太复杂了吧！这是要做培根生菜鸡蛋肉丸大米汉堡吗！

类比：用同样结构的词进行简单替换

接下来解说类比这种方式。

但我觉得如果只用文字解释的话，大家可能不太明白，所以借助下图来进行介绍。

类比（比如说……）

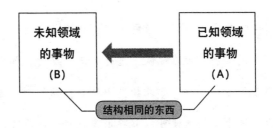

要向对方解释"未知领域的事物"，就要采取和"未知领域的事物"具有同样结构的、对方熟悉的事物（对方已知领域的事物）来进行比喻的说话方式。

我们来具体看看。

你能说说电脑的硬盘和内存的区别吗？

"硬盘是存储全部软件和数据等的配件，内存是使用电脑工作时暂时存储数据的配件。"

事实确实是这样，但是对于不熟悉电脑构造的人来说，即使听了这个解释也只会产生疑问。那么，使用类比的话会怎么样呢？我们来试一试。

"请回想一下我们做饭的时候，从堆放食材的冰箱里取出需要的食材，放在砧板上进行加工。这时，加工食材就相当于用电脑工作，冰箱相当于硬盘，砧板则相当于电脑内存。硬盘大的话便可以储存很多数据；内存大的话，一次就可以做很多工作。"

这样描述的话，脑海中所构想的形象会逐渐变得清晰吧？所以这种类比方式可以很好地将信息传达给对方。

那么现在，你也使用类比这个方法来思考一下吧：**请试着使用类比这个方式，来向大家介绍"类比"这个词。**

使用类比的要点是，在脑海中构思整理"想要向对方介绍的事物到底是什么"，然后找出与之结构相同的事物。

所谓类比，总结来说就是"简单易懂地向他人介绍复杂事物的一种表达方式"。所以，如果运用这种方式，只需找到和复杂事物相似的事物就可以了。

如果让我来解释类比的话，我会这样进行说明：

"我们第一次听到外语时，肯定完全无法理解。但是，说话方却有想要传达的内容。这时，要是有一台自动翻译机，就能理解对方想表达的内容了吧。而类比就像这个自动翻译机一样，把对方不知道的事物翻译成对方知道的事物来进行介绍。"

"等等。我明白了，类比这种方式能简单易懂地对事物进行说明。但是，如果对话以'原来如此啊'结束的话，不就不能让对方做出自己所期望的行动了吗？"

好问题！这也正是一般式类比和印象深入式类比的区别。

像之前所说，为了让对方做出自己所期望的行动，就必须要引起对方的兴趣。因此，**如果为了印象深入而采用类比的话，类比的对象不可以选择"容易理解的事物"，**

因为容易理解的话就不能使对方产生兴趣了。

大家回想一下，我在介绍 Monkey Flip 的眼镜时，选择了什么样的类比对象？

"是芭鲁特吧？"

没错。

芭鲁特这个词原本就很少有人知道，所以如果以"已知领域"为基准来考虑的话，就是一个不合适的类比对象。

然而，也正是因为对这个词不熟悉，对方才会产生兴趣，脑海中会浮现疑问，想知道"芭鲁特是什么"。而且其外观的具有很强的冲击感，所以"芭鲁特等于 Monkey Flip"这个构图，会强行扎根在对方的脑海中。

★ 印象深入式类比的使用方法

现在你也来制作你自己的类比吧。制作印象深入式类比，要遵循两个原则：

① **结构相同**

② **用可以引起对方兴趣的东西来进行比喻**

制作类比最重要的技巧是**"出谜语"**，然后用 B（自己想展示的事物，比如 Monkey Flip）加上 A（类比，比如芭鲁特）来解谜。

该技巧的要点为至少想出 5 个 A（已经熟练的话最少考虑 10 个）。这是因为 A 过于普通而没有新意的话就不会引起对方的兴趣，也不会促使对方做出行动。提前想到超过 5 个 A 之后，选择其中最能引起对方兴趣的那一个。

类比这种方法在说明专业用语时，最能发挥效力。

例如，我的思想依据是"九型人格"。大家经常会问我"什么是九型人格"，这时我会回答"九型人格是一种带指南针的地图"。大家会接着问："这个地图又是什么啊？"对此，我的回答如下：

"人生就像走在视野并不开阔的山路上，行进过程中如果有地图和指南针的话，不就可以放心许多吗？而九型人格就是指路的地图和指南针。虽然并不是说有了这个地图和指南针就能到达目的地，但有的话，到达目的地的可能性会飞跃性地提高……差不多就是这样。"

除此之外，我还有一个思想依据，名为"艾瑞克森催眠"，我将其类比为"音乐花"。（对于一些不知道音乐花的年轻人，我会给他们看一下 YouTube 上的视频。这也是一个吸引对方兴趣的环节。）

"这是什么意思啊？"对方进行提问时，我会这样回答：

"音乐花就是一种一听到声音就会自动跳舞的事物。艾瑞克森的催眠是一种表达方式，这种表达方式使人像音乐花一样，可以使对方听到后不知不觉就开始做出我们期望的行动。"

首先我建议，对于经常使用的专业用语和经常被问到

的问题，要提前准备能立刻做出回答的类比对象。

如果可以根据被介绍者的不同，不断调整的话就更好了。比如采取像"对方为男性听众就选用这个类比对象，女性听众就选用另一个类比对象"等方式。

① 你必须介绍的专业用语是什么？或者说，你会经常介绍什么概念？

② 至少想出 5 个与其结构相同的概念。

③ 选择其中最能引起对方兴趣的那一个。

④ 类比对象的解说和"你想展示给对方的点"相互关联吗？

短隐喻：让朋友约翰代替你进行解释说明

接下来进入到**印象深入**中的两个**核心技巧**的介绍，这两个核心技巧就是"短隐喻"和"长隐喻"。

所谓隐喻，就是比喻的一种，可以简单理解为"打个比方"。之前介绍的明喻也是比喻中的一种类型，但事实不是比喻，而是现实的具体化。

此处所介绍的隐喻，比喻的对象要是和想要传达的事物相似的话，就叫作短隐喻，相差很远的就叫长隐喻。

首先从短隐喻开始介绍吧。

在印象深入中，短隐喻指的是一种称为"我的·朋友·约翰·技巧"的谈话方式。

这种谈话方式，是在**谈话过程中提到"朋友约翰"这个人物，以约翰的小故事这种形式，来介绍自己想传达给对方的内容**。因为谈话中提到的是"朋友约翰"这个第三者的故事，所以这种交谈技巧也被称为"第三者话术"。

八卦是人类的本性。当你讲述第三者的故事时，人们一般会毫无抗拒地想要倾听这些与自己无关的闲事，这样他们就在不知不觉中被引导了。也就是说，短隐喻有助于我们避开对方的警戒心理。

有具体的例子的话更容易让大家理解，请大家看一下关于我的事例。

我经营的 Monkey Flip 品牌提供"眼镜定制"服务，也会主动向客人推荐。

向在店里选择镜框的客人推荐定制服务时，我们不妨这样介绍：

"Monkey Flip 品牌建议您选择定制镜框，定制镜框的话我推荐○款定制或是×款定制。这两款只需稍微加工，就会有完全不同的韵味，戴上镜框也会有一种'个人专属'的感觉。

"而且，对于至今为止选择定制款的客人，都评价说'定制款真不错'，对产品体验感极佳。所以我们鼎力推荐定制款，您意下如何？"

"没什么想买定制款的欲望。话说回来，'定制过的顾客都评价产品体验感极佳'什么的，感觉好假啊。"

事实确实如此。

如果把建议直接说出来的话，无论提出的建议有多么为顾客着想，对方都会无意识地感觉到"自己正在被推销产品"，从而产生抵触情绪。

另外，如果**直接介绍自己取得的业绩的话**，顾客一般**会认为是**"骗人的"，或者会觉得"太炫耀了、很讨厌"。

（我想，大家读到这里应该都明白了吧，这都是因为对方产生了心理抗拒。）

而且很多人对推销抱有偏见，认为"推销游说都只挑好的说"，所以直接提出建议的话，你就会"由于自己不懂变通而不断吃闭门羹"。

那么，这个定制款的建议用短隐喻的方式说出来，效果会怎么样呢？我们来试试看。

"前几天，有位和您一样正在选框架的顾客，他最后选择的是 × 款定制和○款定制的框架。他还跟我说：'那个定制框架超帅超好的啊！只是稍微做些加工，风格就完全不一样了。'我们也惊讶顾客反馈竟然这么好。没想到，顾客的想象力真是太丰富了，我还得向顾客多学习学习啊。"

"你这么说的话我就有点动心啊，我都想实际看一看那个定制镜框了，而且并不像之前的说法那样觉得假。"

非常感谢你的评价。

短隐喻真的非常有效。所以我在店里想要向顾客推荐产品的时候，几乎 100% 会使用短隐喻这种方式。

比如向顾客推荐彩色镜片时，与其说"这个镜框跟我们店的原创颜色 × 很搭哦"，不如这样向顾客介绍："之前有位顾客买了这个镜框，搭配了我们店的原创颜色 ×，感觉特别酷。"

短隐喻具有减弱对方警戒心的效果，不仅可以在提建议时使用，也可以用于推销结束后的反馈处理。而且在网店上登载"顾客的评价"，也是有效使用短隐喻的方法之一。

那么，我们来做一些关于短隐喻的练习吧。

假如你正在向某公司负责人推销 Wi-Fi 路由器，这种路由器的特点是"网速快"。某种推销方式是介绍了该网速的具体数值，我们来看一看。

"我们公司的 Wi-Fi 通信网速快，很受大家欢迎。具体到数字的话，普通的网速最慢约为 1.87Mbps，本公司的网速最慢速度为 10.02Mbps。普通的网速最快约为 7.27Mbps，而我们公司的网速最快为 12.43Mbps。是不是感觉比普通的网速要快得多？"

恐怕大家完全记不住对方说了什么，而且这样向顾客描述产品的性能规格，也会引起对方产生心理抗拒。

为了避免这种情况发生，就需要利用短隐喻这种方法。

如果是你来推销的话，你会怎样介绍呢？（如果是我的话，我会用第 109 页的方法做出回答。）

★ 运用短隐喻时容易犯的错误

虽然短隐喻使用起来方便且很有效果，但是也有一些需要我们注意的点。

我用事例来详细介绍一下。

这是某企业顾问向顾客传达自己工作业绩的相关事例："我的客户 A 先生只在我这里咨询过两次，他的工作业绩就达到了之前的 10 倍。"

"这什么情况啊？明明谈话中出现了第三者客户 A 先生，却只觉得这个顾问在炫耀自己，总感觉有些让人火大。"

没错。这就是运用短隐喻时大家最容易犯的错误。

为什么明明有第三者登场却没达到短隐喻的效果呢？

答案就是，谈话主体变成了"我"。

"短隐喻的主人公必须是第三者"。这也是非常重要的一点。

不是说谈话中只要出现了第三者就是短隐喻，**"以第三者为主人公，讲述第三者的故事"**才是短隐喻。

在刚才介绍的事例中，顾问就可以这样向顾客介绍：

"我的一位叫 A 的客户，前几天特别高兴地联系我，说'他的销售业绩增到了 10 倍！'仅仅咨询了两次就取得了如此了不起的成果，我作为顾问更替客户开心了。"

这回感觉怎么样？

"我对这位顾问的印象有了很大的改变，而且也没有觉得他在炫耀自己的业绩，一下子就能接受了。"

像这样讲述第三者的故事才是短隐喻。

如果你还没有工作业绩和经验，没有可以谈到的第三者的话，也可以采用**将"以前的自己"变成第三者**的方法，比如："虽然以前的自己没取得什么业绩，但因为遇到了现在自己推荐的商品和服务，才取得了一些工作业绩（才取得了成功）。"

　　有时根据商品和服务的不同，比起其他人，"以前没能成功的自己"更容易让顾客接受，所以这种方法也算在考虑范围内。

试试看!　　**短隐喻**

⑤ 你经常被问到的问题是什么？或者说，在推销失败时，你经常被顾客谢绝的理由是什么？

⑥ 对这个问题或者对谢绝的理由有效果的"朋友约翰"是谁？

⑦ 你会介绍这个"朋友约翰"的什么故事？

⑧ 那个小故事和"你想展示给对方的事物"相互关联吗？

★ 使用短隐喻向顾客展示"网速快"的事例

"昨天有位客人说，把之前使用的 Wi-Fi 路由器换成我们的 Wi-Fi 路由器之后，销售业绩提高了。所以，他觉得很惊讶。虽然觉得有点不好意思，不过我也觉得通信网速和销售业绩之间完全没什么关系，所以我详细地询问了一下到底是怎么回事。然后，顾客告诉我是因为没有了网速的烦恼，不光工作效率提高了，注意力也更集中了，所以销售业绩才提高了。看到顾客开心，我也感到开心了。"

这样表达会让对方对这件事感兴趣，就会向你提问："没有网速烦恼的话，这个 Wi-Fi 具体上网速度是多少啊？"

这时，你就可以给对方看一看用图表等形式表示的具体数字（图表有强烈的视觉效果可以接近对方的无意识领域，这是一种很有效的展示手段）。

长隐喻：以故事的形式传达给对方

长隐喻是指**传说故事、寓言故事**。

短隐喻是通过讲述"第三者"的故事，避免对方产生心理抗拒，而长隐喻是通过进一步讲述更"遥远"的传说故事和寓言故事，使对方的心理抗拒无限趋近于零。

打个比方，长隐喻就像一架"隐形战斗机"，它完全不会被对方察觉，是能让我方成功进攻的强力手段（没错，这是一种类比方式）。

用这种方式来进行说明介绍的话，对方**只是在听与主题无关的**（对方是这样认为）**传说故事或寓言故事，所以完全没有心理抗拒。**而另一方面，我方将想要引导对方的意图传达到对方的无意识领域，这会促使对方做出我们期望的行动。

与短隐喻相比，大家可能会觉得长隐喻更复杂。但我认为**长隐喻是在对方心理抗拒特别强烈时，能发挥巨大作用的一种终极印象深入技巧。**

我们来看一些简单易懂的例子吧。

比如，对一些不做暑假作业、整天光顾着玩的小孩子这样说："**要是你每天不好好做作业的话，这个暑假就写不完了哦。**"

其实小孩子也知道每天都写一点作业比较好。但是蛋糕君，这样说的话，小孩子会有什么感觉？

"就算我没有每天都做作业，但只要在暑假之前完成就好了吧？"

如果是我的话，我就会这样想。而且不仅是我，肯定有很多孩子都是这样想的吧。明明自己也知道每天都写一点作业比较好，但是对父母说的话，会无意识地产生心理抗拒，也就变得更加固执地不做作业了。

"每次都是这么说，每年都到快开学了才开始着急，所以每天都得好好做作业啊。"

正如之前所说，说法越是直接，对方产生的心理抗拒就会越强烈。

这时就轮到长隐喻登场了，不妨这样跟孩子说：

"我给你讲一只蚂蚁和一只蝈蝈的故事吧。

"那是一个和今年一样热的夏天，蝈蝈每天拉着小提琴，唱着歌。另一边，蚂蚁为了应对即将到来的冬天，每天拼命地把食物运回家。

"蝈蝈对蚂蚁说：'就算不特意运食物，不是也有很多吃的吗？'蚂蚁回答说：'现在是有很多，但是到冬天就吃没了啊。'蝈蝈又说：'夏天还没结束呢，跟我一起开心地唱歌吧。'它一边说着一边又开始拉响小提琴。

"冬天比蝈蝈想象中来得要快。

"蝈蝈着急地找食物，但是什么也没找到。它饿得受不了了，突然想起蚂蚁之前收集了食物，就来到蚂蚁家门前，想让蚂蚁分它一些食物。但蚂蚁说：'你夏天只顾着唱歌，那冬天跳舞不就行了？'说完就关上了门。

"就这样，蝈蝈冻死在蚂蚁家门前了。

"好了，故事讲完了。"

至少我是从听到这个故事的那天起，就开始每天都按时完成作业。

长隐喻这种方法的一大亮点就是"不做强行要求"。对方听完故事，之后就全部都由自己想象，自行决定行动。

自己肯定不能违背自己思考之后作出的决定，所以长隐喻才被称作"终极方法"。

理论 **关于米尔顿·艾瑞克森的故事**

20世纪的天才心理学家米尔顿·艾瑞克森（Milton Hyland Erickson）非常擅于运用长隐喻，他也被称为"语言魔术师"。

艾瑞克森所用的长隐喻故事真的非常好，而且确实有效地使患者的症状好转，其中很多故事都被收录于《催眠之声伴随你》（*My Voice Will Go With You*）。

在这些故事当中，我给大家介绍一下实际给我带来好的转变的故事吧。

一天女儿放学回来，对我说："爸爸，学校里有的女孩子啃指甲。我也想啃指甲。"

我回答："是啊，跟大家做一样的事情确实比较好。因为'流行的事物'对女孩子来说是非常重要的。你已经晚人一步了啊。为了追上大家，最好的办法就是以后每天都要努力啃指甲。如果每天定好时间一天3次、一次15分钟（到时我会把表借给你）的话，你就能追上她们了。"

女儿刚开始对啃指甲很上心。慢慢地，她啃指甲的时间越变越晚，不久之后就不啃了，有一天，她对我说："爸爸，我感觉学校又有新的流行时尚了。这回大家都留长指甲了。"

我当时读到这个故事的时候，正在为是否开始新事业而烦恼。但读完这个故事后不久，我就决定不开启新事业了。结果，这个决定十分正确。我当时想要开启新事业是因为意识到了潮流的趋向，而这种潮流趋势在 3 年后就销声匿迹了。

艾瑞克森曾说过："**隐喻会准确传达到无意识中，只需三周到一个月的时间就会使人发生变化。**"现在你的无意识肯定也从这个故事中得到了什么。至于今后你会发生什么样的变化，请静静观察，耐心等待。

艾瑞克森的长隐喻之所以有美感而且效果显著，实际上是因为他的持续练习。为了做出对顾客有效的长隐喻，他每天先写出 30 项隐喻，然后经过反复删减，最后只剩 5 项。而且，据说这一工作一直持续了 25 年。

当然我肯定不及艾瑞克森的千分之一，但因为他可以通过练习不断积累，所以我也每天都在反复进行隐喻练习。

在练习过程中我注意到，当我向对方传达一些信息时，会经常思考"这个可不可以用长隐喻来表达呢"。而且只要时间充裕，我就会读一读小说和漫画，看一看电影和戏剧，因为这些都可以成为长隐喻的素材。

增强印象深入的效果：五感临场

现在我将为大家介绍一项增强印象深入效果的技能——"五感临场"。

为了从"五感印象的世界"进入无意识的世界中，我们要选择可以触动对方五感的说话方式，然后使对方的无意识开始运作，促使对方做出我们所期望的行动。这就是所谓的五感临场。

即使是运用短隐喻讲述第三者的故事时，如果故事变得像产品规格一样死板的话，就不能引起对方的兴趣，也就无法引导对方做出行动。

我们回想一下第 86 页邀请喜欢的对象去吃泰国餐厅的事例。向对方介绍了食物的整体规格都没能引起对方的兴趣，而运用五感临场这种方法就会让对方产生想要品尝的欲望。这也证明，要想让对方自己做出行动，要用印象深入的方式来引起对方的兴趣，而不是简单的说明介绍。

我们来试一试。

"我最近可能会去一趟你老家那边，你有什么推荐的餐厅吗？"如果别人这样问，你会怎么回答？

"要去我老家那边的话，肯定得吃鱼了。有一家专门卖盐烤青花鱼的店。虽然菜单上写的名字和普通餐厅一样，只是盐烤青花鱼，不过，他家青花鱼的大小是一般餐厅的 2 倍左右，而且鱼脂浓厚，非常好吃。店面位于繁华街道，不仅交通便利，价格也很合理，午饭时间可能需要排队，但是上座速度很快，不一会儿就能进去点餐了。你觉得怎么样？"

"嗯……感觉没什么想吃的欲望啊。"

应该有很多人都是这样想的吧。如果你的说明介绍像罗列商品规格那样死板的话，无论如何都会变成这样的结果。

与此相对，**五感临场则是通过刺激对方的五感，来进行表达的一种方式。**五感指的是视觉、听觉、味觉、嗅觉和触觉，而五感临场仿佛是在用这些感官，一边体验一边为对方介绍一样。

介绍青花鱼餐厅的话，不妨就这样讲：

"这家餐厅虽然只是专卖盐烤青花鱼，但是餐厅内部装饰得就像普通的家居，就餐的餐桌和榻榻米起居室中的桌子一样。女服务员也穿着烹饪服，所以给人感觉就像是来到了某位亲戚家。菜单上只有盐烤青花鱼，所以刚入座，就会有服务员端上茶和凉拌豆腐，并对你说'请您稍等片刻'。

"这时就已经可以闻到烤青花鱼的香味了，是燃烧优质鱼脂的那种香味。你可以一边吃着凉拌豆腐一边等待，服务员不久就会端来烤青花鱼并表示歉意，说'让您久等了'。

"上菜后，你首先会惊讶于鱼的大小。你可以想象一下这个烤青花鱼是之前吃的两倍大。而且，一眼就能看到被烤得油光闪闪的金黄色鱼肉，鱼脂从那金黄色的鱼肉缝隙中流出。

"你迫不及待地伸出筷子，轻松且顺利地就可以插到鱼肉的缝隙中。夹起一块鱼肉送到嘴边，鱼脂的香气、浓郁的海的味道就会扩散到鼻腔当中，仅仅闻着这样的香味仿佛就能吃下一大碗米饭了。

"将鱼肉放到嘴里，首先甜味会在口腔中扩散开，真的很甜。慢慢地咬下去，刚才很快就可以夹断的鱼肉却很有嚼劲，真的特别好吃。

"这时你有可能会感到惊讶：这真的是青花鱼的味道吗？要让我说，我感觉这是可以刺激你所有味蕾的味道。我想推荐的就是这样一家盐烤青花鱼的餐厅。"

"糟糕，你说得我也想吃盐烤青花鱼了！我还想

129

掌握这种表达方式，有没有什么诀窍啊？"

诀窍就是，**将自己看作一个照相机**，并且还是一款有耳朵、鼻子、舌头等各种感官的相机。描述由这个相机拍摄的情景，描述出传达给照相机的声音、气味、味道、触感等。

此方法的练习方式，就像刚才所做的那样，"向对方推荐就餐、食品等和饮食相关的东西"就可以了，因为与饮食相关的东西可以刺激人体的五感。

"包含视觉、嗅觉、味觉可以理解，听觉和触觉也包含在内吗？"

普通的介绍方式可能不会刺激到听觉和触觉，正因为如此，如果你的说明介绍可以刺激到对方的听觉和触觉的话，会更使对方产生品尝的欲望。比如，如果想刺激到对方的听觉，就可以说"浇上酱汁，烤食物的铁板就会发出吱吱的声音"，或者"用力拔出塞子，就会听到盖子砰的一声被打开了"，等等。

刺激触觉的话，可以讲一讲食物在嘴里的感觉，或者是触碰到装盘时的感觉。总之，无论你怎么说，最重要的就是动用视觉、听觉、嗅觉、味觉、触觉这五个感官来进行说明。

因此，我推荐大家**多看看美食评价**。

美食评价，无论其传播媒介是电视、广播还是文字，只要是通过语言来介绍食物的美味，都必然要用到五感临场。擅长美食评价的彦摩吕先生，会以各种不同的角度来使用五感临场这种方式，我从中也学到了很多。

如果已经可以熟练地向别人推荐食物的话，就开始练习用五感临场来讲述从早上起床开始发生的一些事吧——"早上醒来，下床，然后刷牙。"这个练习的目标是，将只有 10 个字的罗列事实的陈述，改成至少可以说上 5 分钟的一段介绍。

早上醒来的时候，先看到了什么，又听到了什么，之后闻到了什么气味，感觉嘴里是什么味道，触感又如何。自己试着讲一讲，就算是一个人自言自语也是可以的。

如果用五感临场讲完早上醒来时的感受，那么接下来就讲讲起床和刷牙吧。做完这一步之后，就找一个可以谈话的对象，跟对方再讲一遍。

而给别人讲的时候，重点就是**把和自己的想象完全一样的东西传送到对方的脑海中**，确认对方可以在脑海中形成画面。如果提供的信息不足以形成画面的话，就要一边补充，一边有意识地将画面信息传送至对方的脑海中。

经常迟到的员工不再迟到了！

最后，向大家介绍一下我使用五感临场的事例。

我在 Monkey Flip 店里接待顾客的时候，客人有时会问我："这副眼镜挺帅的，不过这能在公司戴吗？"

在这里我要介绍的，就是在顾客提出这样的问题时使用的事例，我基本上是运用了短隐喻的方法，具体回答如下：

"各个公司的情况不同，我也只能给您提供一个参考。上周有位顾客购买了同样的镜框，这位顾客是在金融圈工作，他跟我说，在公司戴这种眼镜是可以的。但在我的印象中，金融圈的人感觉都很严肃，所以顾客跟我说'没关系'的时候，我反而觉得有些惊讶。"

回答之后，观察一下客人的情况，感觉似乎行得通的时候再使用五感临场的技巧，让对方产生兴趣。就像这样：

"那位顾客昨天也到店里来了，不过我总觉得他脸很红，好像很兴奋的样子。我正想着他到底是怎么了，突然他说想要跟我握手。当时我的脑海中只有一个大大的问号。之后，那位顾客给我讲了他第一次戴着新眼镜去公司那天发生的事情。

"那天是多云天气，气温又很高，西服衬衣粘在身上，让人很不快。所以下班的时候，他好像出了很多汗。他心想，这样的话其他人肯定会盯着自己看，而且身上肯定也有汗味。

想到这里，他心里又慌张起来。不过这时，对面座位的女同事对他说：'你这副眼镜好酷啊。'"

下面给大家对比一下不使用五感临场的介绍方式：

"那位顾客昨天也到店里来了，他对我说，他戴着新眼镜去公司的时候，女同事们都跟他说：'你这副眼镜好酷啊。'"

"太明显了，听起来好假！"

是吧？我想这回大家都应该明白了，如果不使用五感临场，就会引起听众的心理抗拒；相反，使用五感临场会使对方产生兴趣，促使对方做出行动。

当然，五感临场不仅仅可以在销售领域发挥作用，而是可以应用于各种情况。

比如，大家想象一下指导一个迟到专业户员工的情况。

"你到底要我说几次不许迟到，才能长记性呢？"

如果直接这样对他说教的话，他会怎么回答？

"你这样说合适吗？要通宵完成的工作量还不是你给我分配的！"

他就会产生上面那样的心理抗拒。在这种情况下，可以使用**以"年轻时的自己"为例的短隐喻和五感临场**两种方式，不妨这样说：

"上班迟到了？没事，谁都有迟到的经历。我年轻的时候也经常因为睡懒觉迟到，那时候总是工作到深夜，所以经常感觉困倦，尤其是早上会特别困。即使听到闹钟响了想要起床，也要再睡 5 分钟，5 分钟之后闹钟又响起来，也还想再赖床 5 分钟。这种还能再睡一会儿的感觉特别好，我懂你。

"后来有一天，那天我还差5分钟，还有5分钟就迟到了。所以我得骑自行车去车站，我全速骑车，特别着急。在这个时候，有个小女孩从平时绝对不会有人出来的胡同里走了出来。我停不下来，就'砰'的一声撞到了小女孩，她摔倒在地上。我慌慌张张跑过去的时候，小女孩的膝盖已经出了很多血。万幸不是什么重伤，也不会留疤。但自那以后我就决定了'一定按时起床'。如果那天我早5分钟起床的话，那个女孩子就不会受伤了……我一直觉得这件事情因我而起，所以才决定要早点起床。"

这是我对"经常迟到的员工"实际使用的方法，然后，那个员工自那以后就没再迟到过。

五感临场能使对方产生兴趣，促使对方做出行动。和别人谈话时，不要忘记要有意识地使用五感临场，这会使对方产生兴趣，也让你达成目的。

那么在结束这一章之前，一边回想之前记忆的第63页那一串数字"96……"，以及印象深入的插图，一边试着写

在纸上，然后和正确答案进行比较。

印象深入这种方法，你感觉作用如何？

一瞬で印象を操る

假装技巧：
赢得对方的信赖，甚至可以掌控对方

有人可以自然地使用心理话术

终于进入了终章。

请大家回想一下这一年里新认识的人，然后，数一数其中有多少人只见过一次，你却记得清清楚楚。

我在这一年里，新认识了 1000 人左右。要说有几个我只见过一次却记得清清楚楚的人……我只能想到 2 个人。1000 人中只有这 2 个人。

在这一章的开头，我先来介绍一下这 2 个人机智的说话方式。

第一位是我在九州的演讲会上认识的约 40 岁的女性。她总是笑呵呵的，跟她说话时气氛很轻松，感觉她有点像一位育儿师或是动物美容师。但是，我跟她交换名片之后，发现上面写着"章鱼烧门店代表"。我向她打听了一下，她说她将一辆丰田汽车改造成"章鱼烧号"，并将其推到商场的停车场，在那里卖章鱼烧。

我当时觉得她的工作内容和她本人给人的感觉相差太远了，不由得向她询问："原来是在做章鱼烧生意啊，你是关西人吗？"

然后她回答："不，我是九州人。"

这更引起了我的兴趣，我追问道："我这样问可能有些冒昧，为什么要做章鱼烧的生意呢？"

她给出了这样的回答：

"奶奶做的章鱼烧是我这一生吃过的最好吃的东西。我奶奶的手天生就不太方便，所以做章鱼烧的手法也十分笨拙，她切出来的章鱼块大小不一，把低筋面粉、鸡蛋和水混合放进碗里做面糊时也不是沙沙的声音，而是咚咚的声音。往章鱼烧机器里倒面糊的时候，也会洒到周围弄得黏乎乎的。

"不过，奶奶做的章鱼烧却非常好吃。奶奶在做面糊上下了一番功夫，无论是将其夹到嘴边时飘来的那种香味，还是一边说着'好烫好烫'一边吃的时候，在嘴里扩散的那种味道，真的都非常诱人。我吃奶奶做的章鱼烧的时候，会觉得很幸福。

"所以我想把奶奶的章鱼烧的味道也分享给大家，虽然我能做的可能只有这些，但我希望大家都能够获得幸福。"

我听了这个故事后，非常想尝一尝这个章鱼烧，不由得上前询问："您的店铺在哪儿啊？"

那么，你听了这位女士的话，会有什么感觉呢？

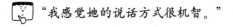"我感觉她的说话方式很机智。"

是的。我总结了以下几点心得：

● 对外观第一印象的偏见和实际职业之间存在反差，所以使人感兴趣。

● 一边讲述自己的故事，一边使用短隐喻，使人完全没有心理抗拒地听完了"奶奶的章鱼烧"这个故事。

● 通过使用拟声词来刺激五感，利用五感临场的谈话方式使人产生兴趣，不由得让人想尝一尝那个章鱼烧。

另一位就是我在老家爱知县认识的一位年纪稍大的男性。这个人虽然看起来像 70 岁左右，但性格平易近人，说话语气也很平和，让人感觉他是一位管家或者是某酒店的工作人员。当我跟他交换名片之后，我发现他是一家销售额达 100 亿日元（约 6 亿人民币）的企业会长。

我一直以为"销售额达 100 亿日元的企业会长一般都是精力充沛的样子"，由于带着这种偏见，所以看到名片时我非常吃惊，甚至顾不得礼仪，冒冒失失地说道："我被会长您温柔的气质震惊到了。虽然我阅历浅显，但像贵公司这样规模较大公司的会长，说话时几乎都有一种'上级感'。但是会长您就完全不同。您的气质安静又温柔，即使是对我这样的年轻人也会耐心地交谈，我非常感谢您。"

而会长是这样回答我的：

"我的一个朋友曾经说过，他成立公司之后，有一段时期需要在很短时间内壮大公司的规模。我想您应该知道，要壮大公司的规模需要人才的支持。时间足够长的话当然可以自行培养人才，但如果时间很短的话，就必须录用很多外围人才，或者是收购其他的公司。这两个办法我的朋友都尝试了。结果又如何呢？

"直截了当地说，公司最后倒闭了。具体来说，排挤同事变成了公司风气。无论什么时候，公司到处都有职员窃窃私语，造谣中伤别人。

"我的朋友作为公司老总也不例外，虽然员工们在他本人面前都说好话，但在背后却都在说他的坏话。在这样的情况下，销售额肯定会下降，同时也会失去大客户的信赖。最后公司也倒闭消失了。

"失去一切之后，朋友对我这样说：'语言的错乱导致公司倒闭。语言是有灵魂的，'言灵'[1]是真正存在的，它非常可怕。'从那以后，我都会尽量注意我自己的说话方式。"

会长一边说一边微笑着。

我觉得那个微笑特别恐怖。"我没对会长说一些失礼的话吧？"我心里突然害怕起来。从那以后，会长的这句话简直像"言灵"一样，一直在我的脑海中挥之不去。

我想大家已经知道了吧，这个小故事完美地运用了操控偏见、短隐喻、长隐喻等方法。

---

1. 言灵，语言内在的神灵，语言的威力。

"原来如此。使用这些方法可以将对方带入谈话当中，从而操控对方脑海中的印象。但是，这真的可以说是'达到目的'了吗？"

这是个好问题。

正如蛋糕君所说，到目前为止，我讲的内容都是为了使对方产生兴趣，促使对方向我们期望的方向迈出第一步。**真正要达到目的，如果不继续让对方前进第二步、第三步的话，我们是得不到的。**

那么为了真正达到目的，还需要什么呢？我现在就为大家介绍。

假装技巧的重要性

这次，假如你作为公司法人要开拓新业务。通过电话交谈，你引起了顾客的兴趣，成功刺激对方改变了印象，并和对方预约了会面。

那你猜猜第二步和顾客面谈时，会遇到什么阻碍呢？

"是没能和顾客签下合同吗？"

这也可以算是正确答案吧。但是准确来说，没签下合同是"阻碍引起的结果"。

而这里的问题是："为什么对方不想和你签约呢？"我希望你能弄明白"问题的原因"。

"原因就是顾客不想承担风险、不想损失利益、不想改变现在的状态吧？"

聪明！蛋糕君所说的这种心理状态，在专业领域被称为"常态维持机能"，这也正是对方向第二步、第三步前进的巨大阻碍。

话虽如此，常态维持机能并不是什么消极的心理状态。不仅如此，它还是我们生存的绝对必要因素。

让我们来深入了解一下常态维持机能吧。

关于常态维持机能

动物要想生存下去，最重要的就是"维持躯体"吧？简单来说就是"不丧命"。

为了维持躯体，最重要的就是不做出改变，也可以说是保持平常的状态。这种"想要保持平常的状态，维持躯体"的意识就是常态维持机能。

我们的身体在发热或者变冷后，都会逐渐调整回到正常的体温。这是因为常态维持机能发挥了作用。将时而变深或变浅的呼吸调整到平和稳定的状态，恢复紊乱的脉搏，这些也都是常态维持机能的作用。归根结底，原因就是"在平常状态下"丧命的概率比较低。

环境也一样。到昨天为止都没有"丧命"，也就是说到昨天为止之前的每一天都很安全。如果今天能和昨天保持一致的话，丧命的可能性就很低，所以常态维持机能对环境也会下达"维持现状"的指令。

回到刚开始企业法人做新业务的例子，你成功和对方预约会面之后，想要再次使用操控偏见和印象深入这两个方法，让对方决定签下合同。

就在这时，对方的常态维持机能开始活动，想要"维持现状"！具体来说，对方会犹豫："**这样决定真的没问题吗？**"对方只要是人类，就一定会产生这样的想法，区别也只是程度的大小罢了。

借用眼镜的例子，明明第一步已经成功吸引顾客使其产生"买眼镜"的想法，但对方的常态维持机能却在这时起作用，让顾客开始质疑自己的决定："我真的要买这个眼镜吗？"

要想克服这个阻碍，就必须要让对方认为，"**即使完全相信这个人也没关系**"。为了达到这个目标，我们就必须要做出最后的努力。

而达成这最后一步，所需的技巧就是"**假装技巧**"。

▌假装技巧的落脚点：人们渴望"被掌控"

"假装技巧"的目标是"掌控他人"。如果能掌控对方的想法，对方就不会有任何心理抗拒，就可以向第二步、第三步前进。

"啊，'掌控他人'不好吧？我还没想做到这种地步啊……"

我知道，"掌控"这个词会给很多人带来消极的印象。

不过，即便如此，如果最终想要引起对方的兴趣，达到目的的话，就不得不使用"掌控技巧"。这是因为**人这种动物"喜欢能掌控自己的人"。**

"等一下。这和之前一直在讲的'心理抗拒'不矛盾吗？不是说人一旦被对方掌控，就会产生心理抵触吗？"

是的。这部分内容是不可以弄错的，但产生心理抗拒终究是因为在第一步的时候无意识察觉到了"对方想要控制自己"。在通过操控偏见和印象深入这两个方法克服了这一点之后，人也只是一种想被掌控的动物而已。

在第一章中我曾经讲过，我们的大脑最讨厌的就是思考，因为思考的时候会消耗大量的能量。

我介绍常态维持机能时也提到，动物的第一要义是维持躯体，而为了维持躯体最好不使用能量。所以不管什么时候，我们的大脑都尽量不去思考。

被对方掌控，换个说法就是"不用自己思考"，这对人的大脑来说是一种愉悦的状态。接下来这个例子可能不太好，不过那些被邪教洗脑的人们，正是处于这种状态。

我曾经还对奥姆真理教进行了相当深入的调查，画了以奥姆真理教事件[1]为主题的漫画作品。在调查过程中我得知，**散布沙林毒气的那些信徒们都非常纯朴，都是些"普通人"**。但在不断遵从邪教指示的过程中，这些人的大脑便放弃了思考。因为这样，他们的大脑就处于一种更舒适的状态。

结果，他们就变成了极恶事件的犯罪执行者。

德国哲学家汉娜·阿伦特（Hannah Arendt）在《艾希曼在耶路撒冷》（*Eichmann in Jerusalem*）一书中也曾提到，做出意想不到的坏事的人，只是一些"普通人"。这本书是汉娜根据公开审判阿道夫·艾希曼（Adolf Eichmann）的旁听记录而撰写的。阿道夫·艾希曼在第二次世界大战时

---

1. 奥姆真理教事件，1995 年 3 月 20 日，日本东京地铁遭到邪教奥姆真理教信徒投放沙林毒气的恐怖袭击，导致 13 人死亡、6000 多人受伤。

期，在德国纳粹的强制收容所中屠杀了大量的犹太人。

汉娜在书中这样写道，艾希曼绝不是憎恨犹太人的极恶分子，他只是一个遵从纳粹上司的指示，放弃自己思考的"普通人"。

将这种方法用于洗脑是绝对不可以的，所以这是一个严禁滥用的技巧，但是为了不错失有利于个人发展的机会，就有必要对他人进行一定程度上的掌控。如果是这样的理由，那稍微使用一下"掌控"也无可厚非吧。

▌掌控他人的关键点：营造出来的自信

要想掌控对方最需要什么？是"自信"。

如果对方抱有**"照这个人说的去做就没问题"**的安心感的话，常态维持机能就不会发挥作用而产生阻碍。通过自信掌控对方的无意识领域，对方就会对你产生所谓的"信赖"。

那么，怎么做才能用"自信"来掌控对方呢？直截了当地说，答案就是"态度"。

保持不管对方说什么都不会动摇的态度，会给对方脑中的无意识领域留下"他非常有自信"的印象。然后，继续保持这种毫不动摇的态度，就可以渐渐掌控对方，在不知不觉中就会得到对方的信任。

反过来讲，态度一旦发生动摇，对方就会无意识地产生"真的可以相信这个人吗"的想法，进而感到不安。这样你就会受到损失。

比如，我向顾客推销眼镜时，客人问了我一个关于 A、B 两副眼镜的问题：

"你觉得这个（A）和这个（B）哪个更好？"

这时，如果你做出这样优柔寡断的回答会怎么样？

"哪一个都可以，如果硬要说一个的话，我觉得 A 比较好。哎，等一下。可以请您再试一下 B 吗？果然还是 B 好一点啊。不过 A 好像也可以，嗯……"

或者，一旦你断定"A 比较好"之后，客人回答"这样啊，不过我个人还是偏向于 B"，然后你说："当然，B 也很好哦。B 可能更适合您。"这样改变了意见的话，会怎么样？你的意见和建议可能就变得不可信了。

推荐 A 的话就一直推荐 A，推荐 B 的话就要一直推荐 B，这样不动摇的态度是获得信用的必要条件。

当然，推荐的理由也不能"含糊"。

推荐 A 的话，如果不从专业的立场出发，不用隐喻、五感临场等技巧将理由准确传达给顾客的话，就不能让客人做出购买的行动。

"仔细想想，'态度坚定的人是可以信赖的'也是所谓的偏见吧。"

正是如此。如果态度坚定的话，仅凭这些，对方大脑中的系统 1 就会做出"这个人好像很有自信""这个人好像很可靠"的判断。

自己欺骗自己的招数

为了表现出坚定和自信的态度，需要大家使用的技巧就是"假装技巧"（Fake）。"Fake"直译意为"欺骗，蒙混"，英文有句格言："Fake it till you make it。"它可以译为"欺骗，直到成功"，或是"**直到成功之前要假装自己做得很成功**"。

即使自己没有什么实绩，也没什么自信和能力，但只要"装作有自信、有能力"的话（有这样的想法就会带着这些想法付诸实践），那么总有一天这些想法都会实现的。这也是在认知行为疗法中经常会使用的一个有效的技巧。

"我之前倒是听说过这句话：'即使没有自信也要装作有自信的样子。'我也明白这个道理。不过，我觉得这个太难了，我做不来啊。"

其实我最开始接触这个技巧的时候，也是这么想的。我在这里想要推荐给大家的就是"**10 倍假装技巧**"。

说实话，假装自己的自信和能力这些肉眼看不见的东西真的很难。因此，我的方法是，**把能看到的东西，也就是可以数值化的东西放大 10 倍**。

具体来说，就是在面向 20 个人做演讲的时候，要想象成面向 200 个人做演讲；在约有 1000 名粉丝的社交媒体上发布信息时，要想象成给 1 万人发送信息。这种方式很容易想象，也正是因为可以想象出来，所以行动时的思想准备也会明显发生变化。

或者，**将现状和实绩放大 10 倍进行伪装的方法也很有效**。最容易理解的是薪酬。如果现在工作的月薪是 10 万日元（约 6000 元人民币）的话，就假装自己通过工作拿到了 100 万日元（约 60000 元人民币）的报酬。

当然，对策也会发生改变。对策的差异，也会使人产生坚定的态度，即使在现实世界也能得到 10 倍的成果。

不过有一点需要特别注意：0 即使是乘以 10，结果也只会变成 0。

对于自己从来没做过，完全不知道能不能做的事情，

就擅自做出"我能做，请交给我"的决定，这是信口开河，是一种不诚实的做法。

与其说是不诚实，其实就是欺诈。就算是假装技巧，也不可以这样做。即使从得到利益的角度来考虑，失败的风险也太大了。

例如，我基本上是个烹饪"小白"。虽然自己做过饭，也只不过是小孩子过家家的游戏程度而已。

这时，有人拜托我"担任烹饪学校制作食谱的讲师"，所以我使用了10倍假装技巧自信满满地对他说："制作食谱啊，我知道了。什么菜的食谱我都能做，这件事就请交给我吧。"然后接下了这份工作，临阵磨枪赶出了菜谱并在演讲时发表了。

一个外行人临阵磨枪赶出的菜谱，比这个世界上已有的其他食谱优秀的可能性为零，是根本不可能的事情。

所以，拜托我的那个客户十分失望，我也因此失去了客户的信任。而且我觉得这对于之前听过我演讲的人来说也是非常失礼的行为。

但是，如果我对做饭并不是一窍不通，至少是对做饭感兴趣的话，我就会对这份委托使用 10 倍假装技巧。

如果平时都是为自己和家人做饭的话，那就使用假装技巧想象自己每次都会为 10 倍数量的人做饭。或者想象认为自己做的饭好吃的人数是之前的 10 倍，在脑海中写实般地构思出他们的脸庞。然后对一些不可思议的事情保持自己坚定的态度，告诉对方："制作食谱啊，我知道了。无论什么菜的食谱我都能做，这件事就请交给我吧。"

接着，对薪酬也使用 10 倍假装技巧。如果薪酬是 10 万日元的话，那么就想象自己能拿到 100 万日元，以这样的心情制作食谱的话，无论是对客户还是来听演讲的人，抑或是对自己都会有一个好的结果。

假装技巧即使是改变形式也能发挥作用，产生效果。

举个例子，我曾在广播节目"川崎 FM"中担任主持人。（截止到 2020 年 2 月，每周四 21：30~22：00。）

"川崎 FM"是地方的广播节目，所以只在有限的地域范围内播放。很多人都用手机 App 收听节目，所以不知道节目的收听率是多少，也完全不知道在广播的另一边到底有多少人在收听。

在这里我使用了假装技巧。

有相关数据表示，地方广播的收听率全国平均为 5%，要按这个数据来算的话，我运用假装技巧会这样说："川崎市的人口约为 153 万人，这些人数的 5% 也就是有 7 万多人在另一边收听着广播。"

当然这并不是真实的数字，但是即使这样也行得通。比起在"不知道有多少人在收听这个广播"的状态下工作，想象有 7 万人在收听广播的话，自己会更容易进入工作状态。而且，在这种假装技巧的帮助下，我也得到了推开新世界大门的机会。

但是，10 倍假装技巧这种方法也有个陷阱。这个陷阱就是"错觉"，也可以称它为"自满"。

在使用 10 倍假装技巧的过程中，容易产生自己真的具有 10 倍的实绩、影响力、知识储备的错觉，言行举止就会带有一种"优越感"，这是非常危险的。

这里必须要注意细节。

我为了避免掉入这个陷阱，想象了一个"稻穗结的果实越大，头垂得越低"的画面，并深深记在脑海中。这也算是一种印象深入。

即使意识到"自己要保持谦虚的态度"，但由于这种想法太过抽象，所以不能一直停留在意识中。不过，"垂头的稻穗"的画面却很容易想象出来，所以会一直附着在大脑的意识中。这样就可以防止自己产生骄傲自满的情绪。

本书总结：一套简单且有效的最强印象策略

到此为止，通过操控印象来获得利益的"改变人生的说话术"，我都讲完了。

我不仅讲解了具体的方法，同时也夹杂了一些学说的介绍，所以最后我来重点总结一下这些技巧。

★ 三大前提

①人们只能通过带有偏见的有色眼光来判断别人

②人们只对自己感兴趣的事物敞开心门

③人们通常会对别人的建议抱有心理抗拒

★ 用"改变人生的说话术"操控印象的 7 个阶段

① 在见到对方之前使用 10 倍假装技巧，让自己比实际
更优秀

② 见到对方之后，用"引导装置"引导对方发现自己
和偏见的反差（使对方在脑海中对你产生兴趣）

③ 然后对方就会向你提问："为什么是〇〇？"

④ 这时借回答问题来向对方介绍"自己想展示的
事物"

⑤ 接着使用印象深入的方法（为了避免对方产生心理
抗拒）

⑥ 用五感临场的谈话方式和对方交谈（为了使对方做
出我方所期望的行动）

⑦ 最后，再次使用假装技巧，彻底掌控对方

"嗯，我知道这样确实很有效。但是，这些也都需
要多思考多练习吧。就没有上手更快且效果迅速的方法吗？"

当然有。

最后，我向大家介绍一个最简单、最有效果的必杀技。这个必杀技就是**"笑容"**。

大家可能会觉得难以置信，但如果要让对方产生兴趣并促使其做出行动的话，笑容就是最好的方法。

不，应该说是最强的武器。

★ 必杀技：笑容

阿姆斯特丹大学曾经做过一个名为"笑容捐款"的实验。他们把学生们分成 A、B 两个小组，分别在商业购物街向顾客介绍"我是动物爱护团体的成员"，然后引导顾客进行捐款。

在实验中和顾客打招呼时，两个小组的表情变化如下：

A 组：面带笑容地走近顾客并请求捐款。

B 组：面无表情地走近顾客并请求捐款。

两个小组的捐款结果如下：

A 组：51.3% 的人很快地答应了捐款。

B 组：只有 29.3% 的人答应了捐款。

两个小组的顾客表情变化的结果如下：

A 组：64.9% 的人面带笑容地做出回应。

B 组：64.7% 的人一直面无表情。

感觉如何？笑容的力量是不是一目了然？

根据医学领域的研究，有人使用 3D 超声波调查得知，发育中的胎儿在子宫中已经能够做出微笑的表情了，也有一些调查结果显示，孩子一天会展露笑容 400 多次。

生存能力处于弱势的孩子之所以展现笑容，是因为笑容能融化对方的心，有促使对方做出对自己有利行动的力量。

没错，笑容确实有着让对方敞开心扉，促使其做出行动的力量。但并不是说，所有的笑容都具有这样的力量。

笑容分为两种类型，分别是会给人留下好印象的"发自内心的笑容"和让人感到讨厌的"假笑"。

"发自内心的笑容"是 19 世纪的法国神经科医生杜氏（Duchenn）发现的，所以这种笑容也被称为"杜氏微笑"（Duchenn Smile）。

这种微笑由于嘴角上扬，眼角会生出细小的皱纹，也可以说是一种可以笑出鱼尾纹的表情。相反，"假笑"的表情是只有嘴在笑，眼睛并没有什么变化，是一种做作故意的笑容。

如果想把笑容作为武器，自然少不了一些练习。不过我还是建议大家学会使用杜氏微笑。然后，用最棒的笑容来迎接你想要进行印象操控的人吧。

因为笑容就是简单且最强的印象操控！

后 记

一个男人站在那里。这个男人垂着肩、低着头，一副全身无力的样子，偶尔会听到他发出几声叹息……

不管是在电影还是戏剧中，如果看到这样的场景，你觉得这个男人正处于什么样的状态呢？失恋了？做什么失败了？还是遇到了一些难事？不管是哪种原因，肯定都不怎么愉快。

如果在下个瞬间，男人的脸发生丑陋的扭曲，脸上现出阴森的笑容的话呢？就算男人没有说话，几乎所有人都会认为"这是个反派角色"吧？

我在大学时代曾经当过演员。其实也不算是演员，就只是每天都沉浸在戏剧中，然后建立了一个剧团，获得了日本"大学戏剧节"的一等奖。

当时有人告诉我，"演员的工作就是操控印象"。观众们会从演员的整体形象中，创作自己独有的故事。演员如果脱离了形象，电视剧就会发生变质。所以，演员就必须要有仅是站着就可以操控观众印象的本领，也就是说，每天都要不断地进行练习。

那时的艰苦训练，兜兜转转最后变成了我的宝物。

无论是在商务领域还是在私人问题方面，我都通过操控印象获得了一些"好处"。我之所以能走上自己喜欢的道路，无疑是因为得益于演员时期掌握的印象操控手法。

印象操控，真的会开拓你的人生！

在本书的最后，我要向相关人员表示一下谢意。

感谢为本书寄来推荐信的内藤谊人先生，同时也感谢罗密欧·罗德里格斯·Jr.（Romeo Rodriguez Jr.）先生。两人的倾力相助，赋予了这本书独特而深刻的魅力。

感谢为本书设计了如此新颖包装的井上新八先生。书的设计简洁整齐，给大家留下了深刻的印象。

感谢为本书绘制可爱插图的高村步先生。有了插画之后，书的内容更加简单易懂了。

感谢为本书辛苦编辑的泽有一良先生。如果没有遇到泽先生，这本书恐怕就不会诞生了。

感谢各位百忙之中参加了在名古屋和东京举办的"恶魔的声望·支配研讨会"。我从与大家的谈话中得到了很多启示。衷心感谢大家的帮助。

最后，十分感谢你能拿起这本书进行翻阅！

在你人生的舞台上，扮演主人公的演员就是你自己。你作为演员，必须要有意识地去"操控对方脑海中的印象"。

我将从心底支持你，用你自己的方式来操控印象，得到你想要的生活。

岸正龙